OCTAVE MIRBEAU

LETTRES
DE
Ma Chaumière

PARIS
A. LAURENT, ÉDITEUR
LIBRAIRIE DE LA PRESSE
8, RUE TAITBOUT
—
1886
Tous droits réservés

LETTRES
DE
Ma Chaumière

IL A ÉTÉ TIRÉ DE CET OUVRAGE

SUR PAPIER DE HOLLANDE

QUINZE EXEMPLAIRES NUMÉROTÉS

ÉVREUX, IMPRIMERIE DE CHARLES HÉRISSEY

MA CHAUMIÈRE

MA CHAUMIÈRE

C'est, dans un département lointain, une petite propriété que ne décore aucune boule en verre, et où l'œil le mieux exercé ne saurait rencontrer le moindre kiosque japonais, ni le prétentieux bassin de rocailles avec son amour nu en plâtre et son impudique jet d'eau qui retombe. Simple et rustique, elle est située, ma chaumière, comme une habitation de garde, à l'orée d'un joli bois de hêtres, et devant elle s'étendent, fermant l'horizon, des champs, tout verts, coupés de haies hautes.

Une vigne l'encadre joyeusement ; des

jasmins, parmi lesquels se mêlent quelques roses grimpantes, tapissent sa façade de briques sombres. Le jardin, clos de planches ajourées et moussues, qui en dépend, est si petit que, dans les allées, deux escargots pourraient difficilement ramper, coque à coque. Mais que m'importent la pauvreté et l'étroitesse de ce domaine? Ces champs ne sont-ils pas à moi, et ces bois chanteurs, et ce ciel que raye continuellement le vol fantaisiste des martinets? Qu'ai-je besoin de demander aux choses d'autres jouissances que celle de leur présence, c'est-à-dire leur beauté et leur parfum?

Tout près de là, dans un lit profond et pierreux, un ruisseau roule son eau verdie sous l'épaisse voûte des aulnes entrelacés. J'aperçois les toits roses de la ferme voisine à travers les charmes, au tronc difforme et trapu ; et les vaches paissent, le mufle enfoui dans l'herbe, et les troupeaux de moutons s'égaillent au long de la route, grimpent aux talus abroutis, sous la garde du chien pasteur.

Ah! comme je vais être bien là, en ce petit coin perdu, tout embaumé des odeurs de la terre reverdissante! Plus de luttes avec les hommes, plus de haine, la haine qui broie les cœurs ; rien que l'amour, ce grand amour apaisant qui tombe des nuits tranquilles et que berce comme une maternelle chanson, la chanson du vent dans les arbres. « Pourquoi haïr ? dit la chanson. Ne sais-tu donc pas ce que c'est que les hommes, quelles douleurs les rongent et les font saigner, les riches et les pauvres, le vagabond qui, le ventre affamé, s'est endormi sur la berge de la route, ou le voluptueux qui se vautre, repu, sous les courtines parfumées ! Ne hais personne, pas même le méchant. Plains-le, car il ne connaîtra jamais la seule jouissance qui console de vivre : faire le bien. »

Donc, je suis installé dans ma chaumière, mélancolique villégiateur. Pour compagnons, je n'ai qu'un chien, hargneux et crotté, les oiseaux du bois, et un vieux paysan dont j'ignore le nom. Un jour, je vis ce vieux paysan qui rôdait autour de la maison, en coulant vers moi un regard oblique. Il passa. Le lendemain, il revint et recommença son manège; le troisième jour, il se hasarda à pénétrer dans le clos.

— Alors, ça và? me dit-il en enlevant de dessus son crâne sa casquette de drap roussi par plus de vingt soleils.

— Mais oui, mon brave, répondis-je.

— Allons, c'est biè, c'est biè !

Il redressa sur le treillage une brindille de jasmin qui pendait.

— Et comme ça, l'on dit que vous v'nez d'Paris?

— Mais oui.

— Allons, c'est biè, c'est biè !

Il s'en retourna de son pas gourd et de sa démarche pesante de vieux terrien finissant.

Depuis, tous les soirs, quand le soleil baisse derrière le coteau, il vient s'asseoir sur le banc, devant ma porte, et tandis que, rêveur, je laisse errer ma pensée à travers « la sérénité dolente du couchant », lui dodeline de la tête, sans jamais prononcer une parole.

LE TRIPOT AUX CHAMPS

A M. Victorien Sardou.

LE TRIPOT AUX CHAMPS

Sommes-nous donc dans une époque d'irrémédiable décadence ? Plus nous approchons de la fin de ce siècle, plus notre décomposition s'aggrave et s'accélère, et plus nos cœurs, nos cerveaux, nos virilités vont se vidant de ce qui est l'âme, les nerfs et le sang même d'un peuple.

L'anémie a tué nos forces physiques ; la démocratie a tué nos forces sociales. Et la société moderne, rongée par ces deux plaies attachées à son flanc, ne sait plus où elle va, vers quelles nuits, au fond de quels abîmes on l'entraîne.

La démocratie, cette grande pourrisseuse, est la maladie terrible dont nous mourons. C'est elle qui nous a fait perdre nos respects, nos obéissances, et y a substitué ses haines aveugles, ses appétits salissants, ses révoltes grossières. Grâce à elle, nous n'avons plus conscience de la hiérarchie et du devoir, cette loi primitive et souveraine des sociétés organisées. Nous n'avons même plus conscience des sexes. Les hommes sont femmes, les femmes sont hommes et ils s'en vantent. Rien, ni personne à sa place. Et nous allons dans un pêle-mêle effroyable d'êtres et de choses au milieu desquels Dieu lui-même a peine à se reconnaître et semble épouvanté de son œuvre immortelle et qui meurt, pourtant.

Au-dessus de ce chaos, formé de toutes les dignités brisées, de toutes les consciences mortes, de tous les devoirs abandonnés, de toutes les lâchetés triomphantes, se dressent de place en place, pour bien marquer l'affolement du siècle et l'universel détraquement, de nouvelles et particulières élévations sociales. Ce qui, autrefois, grouillait en bas, resplendit en haut aujourd'hui. Le domestique a jeté sa livrée à la tête de son maître et se pavane dans ses habits. Non seulement il est devenu son égal, mais il le domine. Il n'obéit plus, il commande : aristocratie de l'écurie et de l'office succédant à l'aristocratie de l'honneur et du sang. Quant au maître, lui, s'il n'a pas encore revêtu la livrée du domestique, il se pavane dans ses vices et dans ses plaisirs, et il n'en rougit plus.

On dit : « Sans doute ; mais c'est Paris, Paris seul, et Paris n'est qu'un point dans la France. » Et l'on tourne ses regards vers la campagne, comme pour y respirer des souffles d'honnêteté, des odeurs saines de travail. On se console en pensant aux prairies humides et vertes où paissent les grands bœufs, aux champs d'or où le blé mûrit, où l'homme peine, courbé vers la terre qui nous donne le pain.

Eh bien ! vous allez voir.

Le paysan, comme tout le monde, veut être de son siècle, et il suit, comme tout le monde, le vertige de folie où tout dégringole. On peut dire même qu'il n'y a plus de paysans.

* * *

Chaque matin, l'aube a-t-elle, derrière le coteau, montré le bout de son nez rose, que me voilà debout. Et j'arpente la campagne. Moment délicieux ! Les arbres s'éveillent au chant des pinsons, les prés s'étirent plus verdissants ; à chaque brin d'herbe, tremble une gouttelette de rosée, et de partout vous viennent d'exquis parfums qui montent de la terre avec les brumes. C'est l'heure charmante où l'alouette s'élève dans le ciel, salue de ses trilles et de ses roulades le matin jeune, virginal et triomphant. Et le jour grandit, empourprant les haies, étalant sur les moissons de grandes nappes rouges qui ondulent sous la brise légère.

Une chose m'étonne, je ne vois personne aux champs. Dans les petits hameaux, toutes les portes verrouillées, tous les volets clos ; aucune auberge, aucun débit de boissons ouverts. Les fermes elles-mêmes dorment profondément. Seuls, les chats rôdent et les poules gloussent alentour. Pourtant nous sommes au moment des foins. J'aperçois autour de moi des prés à moitié fauchés, des luzernes abattues, des meules énormes que les botteleurs ont entamées. Où donc sont-ils, les faneurs et les faneuses ! Et les lourdes charrettes dont les jantes mal ferrées crient sur les ressauts des chemins de traverse? Et les chevaux qui hennissent? Et les faux qui sifflent dans l'herbe? Aucune forme humaine ne surgit entre les halliers, aucun bruit humain ne m'arrive. Partout le silence et partout la solitude !

Le soleil est déjà haut dans le ciel, l'air commence de s'embraser. Pour rentrer chez moi, je cherche les couverts, les petites routes touffues, les sentes enverdurées. Il est sept heures.

Il n'y a pas si longtemps, les paysans, qui se couchaient avec le soleil, se levaient aussi avec lui. Aujourd'hui, en plein été et en pleine moisson, ils ne se lèvent guère qu'à sept heures, les paupières encore bouffies de sommeil, les membres las, comme brisés par des nuits de plaisir. C'est vers sept heures, que la vie revient, mais une vie lourde, inquiète, où l'on dirait qu'il y a des remords et des effarements. On les voit, les paysans, sortir lentement de leurs demeures paresseuses qui s'ouvrent à regret, l'une après l'autre, se frotter les yeux, bâiller, s'étirer et partir, d'un pas ennuyé et traînard, à leur ouvrage. Il va donc falloir travailler! Au risque de voir leurs foins pourrir, ils eussent préféré peut-être que la pluie tombât, car ils seraient restés à la maison ou bien ils auraient été boire avec les camarades, au cabaret du bourg voisin.

O paysan sublime, toi dont Millet a chanté la mission divine, dieu de la terre créatrice, semeur de vie, engendreur auguste de pain, tu n'es donc plus, comme les autres dieux, qu'un fantôme d'autrefois ! Tu n'es donc plus le dieu sévère, à la peau hâlée, au front couronné de pampres rouges et de moissons d'or. Le suffrage universel en t'apportant les révoltes et les passions, et les pourritures de la vie des grandes villes, t'a découronné de ta couronne de gerbes magnifiques où l'humanité tout entière venait puiser le sang de ses veines, et te voilà tombé, pauvre géant, aux crapules de l'or homicide et de l'amour maudit ! On s'étonne même de ne pas te voir en jaquette, un monocle à l'œil.

Le paysan n'est plus le terrien robuste et songeur, né de la terre, qui vivait d'elle et qui mourait là où, comme le chêne, il avait poussé ses racines. Les tentations de l'existence oisive des villes l'ont en quelque sorte déraciné du sol. Il voit Paris, non comme un gouffre où l'on sombre et qui vous dévore, mais comme un rêve flamboyant, où l'or se gagne, s'enlève à larges pelletées, où le plaisir est sans fin. Beaucoup s'en vont. Ceux qui restent se désaffectionnent de leur champ ; ils traînent leurs ennuis sur la glèbe, tourmentés par des aspirations vagues, des idées confuses d'ambitions nouvelles et de jouissances qu'ils ne connaîtront jamais. Alors, ils se réfugient au cabaret, au cabaret que la politique énervante d'aujourd'hui a multiplié dans des proportions qui effraient.

En un village de trois cents habitants, où il y avait autrefois cinq cabarets, il y en a quinze maintenant, et tous font leurs affaires. Plus de règlement, plus de police. Ils ferment le soir à leur convenance, ou ne ferment pas si bon leur plaît, certains de n'être jamais inquiétés ; car c'est là que les volontés s'abrutissent, que les consciences se dégradent, que les énergies se domptent et s'avilissent, véritables maisons de tolérance électorale, bouges de corruption administrative, marqués au gros numéro du gouvernement.

Le cabaret non seulement donne à boire, mais il donne à jouer aussi — de grosses parties où le paysan, sur un coup de cartes, risque ses économies, sa vache, son champ, sa maison, où il y a des filous qui trichent et des usuriers qui volent, toute une organisation spéciale et qui fonctionne le mieux du monde. A part le luxe, les tapis, les torchères dorées, les tableaux de prix, les valets de pied en culotte courte et les colonels décorés, on se croirait dans certaines maisons borgnes de Paris. Ce sont mêmes passions hideuses, mêmes avidités, mêmes effondrements ; la vie du cercle, enfin. C'est là que le paysan, à la lueur trouble d'une chandelle qui fume, les coudes allongés sur une table de bois blanc, en face des portraits de Gambetta, de Mazeppa et de Poniatowski accrochés aux murs, c'est là qu'il passe ses nuits, avalant des verres de tord-boyaux, remuant des cartes graisseuses et chiffonnant de sales filles, des Chloés dépeignées et soûles, dont les villages pullulent aujourd'hui, car il faut que la campagne ne puisse plus rien envier aux ordures de Paris.

Le laboureur, — un ancien qui me donnait ces renseignements, continua :

— Ah ! ce sont des messieurs, je vous assure, à qui il faut maintenant toutes les aises de la ville. Croiriez-vous qu'ils exigent de la viande à tous leurs repas ! oui, monsieur, à tous leurs repas ! On ne peut plus trouver un ouvrier, à l'heure présente, si on ne s'engage à le gaver de bœuf, de mouton, de volailles, d'un tas de bonnes choses, enfin, dont nous autres nous n'avons jamais eu l'idée. Si ça ne fait pas suer ! Je parie que bientôt il exigeront du vin de Champagne ! Mon Dieu ! s'ils travaillaient encore, il n'y aurait que demi-mal. Mais va te faire fiche ! Ils arrivent à l'ouvrage à sept heures, monsieur, toujours mal en train, se plaignant de ceci, de cela, de tout. Pourtant ce n'est pas la besogne qu'ils font, bien sûr, qui les fatigue. Oh! non. Je ne sais pas, en vérité ce que nos pauvres champs deviendront dans quelques années. Quand je pense à cela, voyez-vous, ça me fait presque pleurer. De notre temps, monsieur, nous mongions de la soupe toute la semaine, et puis, le dimanche, on se régalait d'un petit morceau de lard. Nous nous portions bien et nous étions alertes au travail. En été, dès trois heures dans les champs, nous rentrions avec le soleil couchant. Et nous étions heureux tout de même. Mais ce temps est passé et il ne reviendra plus. Tenez, monsieur, on n'avait jamais vu ça par chez nous. Eh! bien, maintenant, il n'y a pas de mois qu'on n'apprenne qu'un tel s'est jeté à la rivière, ou bien pendu à même un pommier. Il n'y a pas trois jours, Jean Collas, qui possédait un beau bien, le plus beau de la contrée, on l'a trouvé accroché à une poutre de la grange et tout noir. Il avait perdu ça avec la boisson, avec le jeu, avec les femelles.

Oh ! les chastes églogues ! Oh ! les idylles chantées par les poètes ! Oh ! les paysanneries enrubannées et naïves qui défilent, conduites par la muse de Mme Deshoulières, au son des flageolets et des tambourins ! Et ces bonnes grosses figures épanouies de bonheur ignorant et simple ! Et ces délicieuses odeurs d'étable et de foin coupé qui parfument nos imaginations rêveuses et nos tendres littératures ! Mirages comme le reste, mirages comme la vertu, comme le devoir, comme l'honneur, comme l'amour ! Mirages comme la vie !

*
* *

Le soir, après dîner, je me promenais sur la route, en compagnie de mon ami et voisin, le vieux paysan, celui qui ne parle jamais. Un reste de jour sombre traînait encore sur les champs bien que le soleil eût disparu derrière le coteau, d'où montait une grande lueur rouge. Une caille, piétant dans le trèfle, chantait. Comme nous nous asseyons sur le talus bien garni à cet endroit de mousse et d'herbes sèches, une femme, tirant péniblement une petite charrette à bras, vint à passer. Dans la charrette, un homme maigre et très pâle était couché tout de son long, qui toussait beaucoup et se plaignait : quatre enfants, dont le plus âgé pouvait avoir sept ans, trottinaient, déguenillés et pieds nus, autour du pauvre convoi.

— Femme, dit l'homme pâle, d'une voix dolente, va moins vite... moins vite, ça me secoue, et ça me fait du mal.

Et j'entendis une plainte à laquelle succédèrent aussitôt un cri, puis un juron.

La femme ralentit le pas, évita une grosse pierre jetée au milieu de la route, et l'aîné des enfants, pour soulager sa mère, se mit à pousser la charrette doucement. Bientôt le bruit des roues qui criaient sur le sable alla s'affaiblissant, et voiture, femme, enfants disparurent au tournant du chemin.

Cette scène m'avait rendu mélancolique et le vieux branlait la tête. Je lui demandai :

— Qui sont ces pauvres gens ?

— Des gens d'ici, répondit-il...

Le vieux paraissant, ce soir-là, d'humeur à causer, je le poussai de questions.

— Je les connais, je les connais bien... La femme, une rude travailleuse... l'homme un *feignant*, un vaurien... Pourtant, dans le fond, ce n'était pas méchant, méchant !... La femme avait un petit bien... Avec ses économies, elle avait bâti une petite maison, là, pas bien loin... Si vous saviez ce que c'est que les économies des gens comme nous, avec quoi c'est fait, ce qu'il faut de temps, de privations, de fatigues, de courage, pour amasser, sou par sou, la valeur d'une misérable maison ! Si vous saviez cela !... Et puis elle s'est mariée à ce feignant !... Un beau gars !... ça lui avait tourné la tête... Mais voilà que pendant qu'elle trimait, qu'elle se mangeait les sangs de travail ;... lui fai-

sait le monsieur, le joli cœur... Toujours à
la ville... à se soûler avec les amis, à jouer, et
à faire... le diable sait quoi !... Et l'argent
filait, vous comprenez !... A force de s'amu-
muser, il est tombé malade, il y a deux ans...
Tout le monde ignore ce qu'il a dans le
corps... Mais ce n'est pas bon, pour sûr...
Au lieu de le laisser crever, comme un
un chien qu'il était... la femme le soigna...
Ah! c'était bête, la façon dont elle le soigna!... les drogues, le médecin,.. vous
pensez si c'est cher, toutes ces voleries-là...
sans compter qu'il n'y avait rien de trop
bon... du pain blanc, de la viande, du vin !...
Donc il a fallu emprunter, puis emprunter
encore... Et l'huissier est venu une fois...
et il a vendu les meubles... une autre fois,
c'est l'avoué qui est arrivé, et il a vendu la
maison... Alors, ils n'ont plus rien, rien que
le ciel qui est au bon Dieu, et la route qui
est à tout le monde...

— Mais, où vont-ils, ainsi ?

— Je ne sais pas... Ils trouveront ce soir,

à coucher dans une grange ; et demain, ils recommenceront à aller par les chemins... Peut-être qu'on voudra bien de l'homme à l'hospice.

— Et la femme ? Et les enfants ?

Le vieux fit un geste, qui évidemment signifiait : « A la grâce de Dieu ! » Il fut impossible de lui arracher une autre parole, Nous rentrâmes.

Au moment de nous séparer, le vieillard redressa sa taille courbée, et, tendant son poing noueux et crevassé dans la direction de la ville, dont on apercevait, sous le lune, les deux clochers émergeant, au-dessus des maisons entassées, il s'écria :

— Que la foudre du ciel t'écrase, toi, qui nous prends nos enfants, toi qui les tue, voleuse, assassine, salope !

LE PÈRE NICOLAS

A M. Auguste Rodin.

LE PÈRE NICOLAS

Il y avait deux longues heures que nous marchions, dans les champs, sous le soleil qui tombait du ciel comme une pluie de feu; la sueur ruisselait sur mon corps et le soif, une soif ardente, me dévorait. En vain, j'avais cherché un ru, dont l'eau fraîche chante sous les feuilles, ou bien une source, comme il s'en trouve pourtant beaucoup dans le pays, une petite source qui dort dans sa niche de terre moussue, pareille aux niches où nichent les saints campagnards. Et je me désespérais, la langue desséchée et la gorge brûlante.

— Allons jusqu'à la Heurtaudière, cette ferme que vous voyez là-bas, me dit mon compagnon ; le père Nicolas nous donnera du bon lait.

Nous traversâmes un large guéret dont les mottes crevaient sous nos pas en poussière rouge ; puis, ayant longé un champ d'avoine, étoilé de bluets et de coquelicots, nous arrivâmes en un verger où des vaches, à la robe bringelée, dormaient couchées à l'ombre des pommiers. Au bout du verger était la ferme. Il n'y avait dans la cour, formée par quatre pauvres bâtiments, aucun être vivant, sinon les poules picorant le fumier qui, tout près de la bergerie, baignait dans un lit immonde de purin. Après avoir inutilement essayé d'ouvrir les portes fermées et barricadées, mon compagnon dit :

— Sans doute que le monde est aux champs !

Pourtant il hêla :

— Père Nicolas ! Hé ! père Nicolas ?

Aucune voix ne répondit.

— Hé ! père Nicolas !

Ce second appel n'eut pour résultat que d'effaroucher les poules qui s'égaillèrent en gloussant et en battant de l'aile.

— Père Nicolas !

Très désappointé, je pensais sérieusement à aller traire moi-même les vaches du verger, quand une tête de vieille femme, revêche, ridée et toute rouge, apparut à la porte entrebâillée d'un grenier.

— Quen ? s'écria la paysanne, c'est-y vous, monsieur Joseph ? J' vous avions point remis, ben sû, tout d' suite. Faites excuses et la compagnie.

Elle se montra tout à fait. Un bonnet de coton, dont la mèche était ramenée sur le front, enserrait sa tête ; une partie des épaules et le cou qu'on eut dits de brique, tant ils avaient été cuits et recuits par le soleil, sortaient décharnés, ravinés, des plis flottants de la chemise de grosse toile que rattachait, aux hanches, un jupon court d'enfant à rayures noires et grises. Des sabots grossièrement taillés à même le tronc d'un bouleau, servaient de chaussures à ses pieds nus, violets et gercés comme un vieux morceau de cuir.

La paysanne ferma la porte du grenier, assujettit l'échelle par où l'on descendait; mais, avant de mettre le pied sur le premier barreau, elle demanda à mon compagnon :

— C'est-y vous qu'avions hêlé après le père Nicolas, moun homme ?

— Oui, la mère, c'est moi.

— Qué qu'vous l'y v'lez, au père Nicolas ?

— Il fait chaud, nous avions soif, et nous voulions lui demander une jatte de lait.

— Espérez-mé, monsieur Joseph ; j' vas à quant vous.

Elle descendit, le long de l'échelle, lentement, en faisant claquer ses sabots.

— Le père Nicolas n'est donc point là ? interrogea mon compagnon.

—Faites excuses, répondit la vieille. il est là. Ah ! pargué si ! y est, le pauv'bounhomme pas prêt à démarrer, pour sû! on l'a mis en bière à c' matin.

Elle était tout à fait descendue. Après s'être essuyée le front, où la sueur coulait par larges gouttes, elle ajouta :

— Oui, monsieur Joseph, il est mô, le père Nicolas. Ça y est arrivé hier dans la soirant.

Comme nous prenions une mine contristée :

— Ça ne fait ren, ren en tout, dit-elle, v'allez entrer vous rafraîchi un brin, et vous met' à vout' aise, attendiment que j' vas cri ce qui vous faut.

Elle ouvrit la porte de l'habitation, fermée à double tour.

— Entrez, messieurs, et n' vous gênez point... faites comme cheuz vous... T'nez, le v'là, l' père Nicolas.

Sous les poutres enfumées, au fond de la grande pièce sombre, entre les deux lits drapés d'indienne, sur deux chaises était posé un cercueil de bois blanc, à demi recouvert d'une nappe de toile écrue qu'ornaient seulement le crucifix de cuivre et le rameau de buis bénit. Au pied du cercueil, on avait apporté une petite table sur laquelle une chandelle, en guise de cierge, achevait de se consumer tristement, et où s'étalait un pot de terre brune, plein d'eau bénite, avec un mince balai de genêts servant d'aspergeoir. Ayant fait le signe de la croix, nous jetâmes un peu d'eau sur la bière, et, sans rien dire, nous nous assîmes devant la grande table, en nous regardant ahuris.

La mère Nicolas ne tarda pas à rentrer. Elle apportait avec précaution une vaste jatte de lait qu'elle déposa sur la table en disant :

— Vous pouvez ben en boire tout vout' saoul, allez ! Y en a pas de pus bon et de pus frais.

Pendant qu'elle disposait les bols et qu'elle tirait de la huche la bonne miche de pain bis, mon compagnon lui demanda :

— Etait-il malade depuis longtemps, le père Nicolas ?

— Point en tout, monsieur Joseph, répondit la vieille. Pour dire, d' pis queuque temps, y n'était pas vaillant, vaillant. Ça le tracassait dans les pomons; l' sang, à c'que j'créiais. Deux coups, il était v'nu blanc, pis violet, pis noir, pis il était chu, quasiment mô.

— Vous n'avez donc pas été chercher le médecin?

— Ben sûr non, monsieur Joseph qu'j'ons point été l' cri, l' médecin. Pour malade, y n'était point malade pour dire. Ça ne l'empêchait point d'aller à dreite, à gauche, de virer partout avé les gars. Hier, j' vas au marché; quand je reviens, v'là-t-y pas que l' père Nicolas était assis, la tête cont' la table, les bras ballants, et qu'y n' bougeait pas pus qu'eune pierre. « Moun homme! » qu' j'y dis. Ren. « Père Nicolas, moun homme! » qu' j'y dis cont' l'oreille. Ren, ren, ren en tout. Alors, j' l' bouge comme ça. Mais v'là-t-y pas qu'y s' met à branler, pis qu'y chute su l' plancher, pis qu'y reste sans seulement mouver eune patte, et noir, noir quasiment comme du charbon. « Bon sens, qu'j' dis, l' père Nicolas qu'est mô ! » Et il était mô, monsieur Joseph, tout à fait mô..... Mais vous n' buvez point... Ne v'gênez pas... j'en ai cor, allez... Et pis j' faisons point le beurre en c' moment...

— C'est un grand malheur, dis-je.

— Qué qu' vous v'lez ! répondit la paysanne. C'est l' bon Dieu qui l' veut, ben sûr.

— Vous n'avez donc personne pour le veiller ? interrompit mon compagnon. Et vos enfants ?

— Oh ! y a pas de danger qu'y s'en aille, le pauv' bounhomme. Et pis les gars sont aux champs, à rentrer les foins. Faut pas qu' la besogne chôme pour ça... Ça n' l' f'rait point r'veni, dites pis qu'il est mô !

Nous avions fini de boire notre lait. Après quelques remerciements, nous quittâmes la mère Nicolas, troublés, ne sachant pas s'il fallait admirer ou maudire cette insensibilité du paysan, dans la mort, la mort qui pourtant fait japper douloureusement les chiens dans le chenil vide, et qui met comme un sanglot et comme une plainte au chant des oiseaux, près des nids dévastés.

LA BONNE

A M. Henri Lavedan.

LA BONNE

Ayant besoin d'une bonne pour faire mon petit ménage, j'allai, un jour, demander à la fermière, ma voisine, si elle ne connaissait pas une femme honnête et travailleuse qui pût remplir cet office.

— Des bonnes ! dit-elle, ben sûr il n'en manque pas. Il y a d'abord... voyons... il y a d'abord...

Bien que les bonnes ne manquassent pas, ainsi que la fermière l'assurait péremptoirement, l'excellente femme cherchait, et ne trouvait rien. Elle réfléchit, pendant cinq minutes, en répétant toujours : « Ben sûr qu'il n'en manque pas ». Enfin elle se décida à appeler à l'aide son mari qui, dans le hangar, attelait une grande charrette, en faisant : « Hue, dia, drrrrr ! » Le fermier quitta ses chevaux, vint lentement vers nous, en se grattant la nuque d'un air profond. Il dit :

— Pardié ! non, il n'en manque pas !

Et il s'abîma en des recherches mentales, évidemment compliquées et très pénibles s'il fallait en juger par les diverses grimaces qui se succédèrent sur son visage, rouge et grumeleux comme un éclat de brique.

Nous nous taisions. La cour, incendiée de soleil, brûlait ; deux pigeons, se poursuivant, volaient d'un toit à l'autre ; sous le hangar, les chevaux, harcelés par les mouches et piqués par les taons, s'ébrouaient et, allongé sur un lit d'ordures humides, un cochon tout rose, assoupi, grognait en rêvant.

Le paysan avait croisé les bras, et ses mains étaient à plat sous ses aisselles. Sans bouger, il articula :

— Ma femme, vois-tu, je pense à la Renaude.

— A la Renaude? s'écria la fermière. C'est pourtant vrai, et moi qui n'y pensais pas.

Et, se tournant vers moi, elle ajouta en s'échauffant :

— C'est tout à fait vot' affaire ! Ah ! monsieur, une bonne fille, courageuse, dure à l'ouvrage, et honnête comme pas une dans la contrée... C'est franc, c'est solide.

— Eh bien ! vous m'enverrez la Renaude.

— Oui, monsieur, je vous l'enverrai.

Puis, comme prise subitement d'un scrupule :

— Mais faut que je vous dise, continua-t-elle d'un ton plus bas. Dans la ville, il y en a quelques-uns qui ne veulent pas de la Renaude, parce qu'elle a eu des malheux.

— Quels malheurs ? demandai-je.

— Oh ! de grands malheux... enfin des malheurs, conclut la fermière, d'un ton net, comme si ce mot « malheux » ne pouvait avoir qu'une signification connue et fatale.

Le lendemain, de grand matin, une femme qu'accompagnait un petit enfant frappait à ma porte.

— C'est moi la Renaude, dit-elle en souriant et en faisant la révérence. On m'a commandé de venir vous trouver pour nous arranger. Et me voilà.

Elle me désigna l'enfant qui s'était pendu à ses jupes et me regardait d'un œil craintif :

— C'est mon Parisien. Dis bonjour au monsieur, Parisien.

Mais l'enfant, de plus en plus épeuré, s'était caché dans les jupons de la femme, qui murmura avec bonté, et comme si elle voulait l'excuser :

— C'est trop jeune, c'est pas encore instruit, ça a peur du monde, le pauvre petit !

Je tentai d'attirer l'enfant à moi, en lui parlant doucement, et en lui présentant un bouquet de cerises, que je venais de prendre dans un panier.

— C'est sans doute un enfant confié à votre garde ? demandai-je à la Renaude.

— Mais non, monsieur, c'est mon garçon, répondit la femme avec un orgueil maternel, que justifiaient les joues bien rouges et bien luisantes du petit.

— Je croyais que vous l'aviez appelé tout à l'heure : le Parisien ?

— Bien sûr que je l'ai appelé le Parisien, puisqu'il est né à Paris.

— Alors, vous êtes donc de Paris ?

— Non, monsieur, ah non ! Je suis d'ici, moi. Vous ne saviez pas ?

La physionomie de la Renaude prit une expression de gravité et de tristesse profonde. Elle s'assit sur une chaise, lourdement. On eût dit qu'une fatigue, tout d'un coup, lui avait cassé les membres. Elle soupira.

— Tenez, monsieur, au risque de tout, il faut que je sois honnête avec vous et que je vous dise ce qui en est... J'ai eu des malheurs... de grands malheurs... Je ne suis pas mariée. Oui je suis, demoiselle et pourtant cet enfant, cet enfant, c'est à moi. Oh !

il n'y a pas de ma faute, je vous assure, monsieur ! Voilà comment ce malheur m'est arrivé, aussi vrai que vous êtes un brave homme.

La Renaude avait assis son enfant sur ses genoux et, après l'avoir embrassé goulûment, après avoir lissé ses petits cheveux blonds, elle commença ainsi :

— Mon père était tombé malade, une paralysie, à ce que disaient les médecins. Le fait est qu'il ne remuait ni bras, ni jambes, et qu'il était comme mort dans son lit. Il y avait à la maison trois petites sœurs qui n'étaient pas en âge de travailler, et mon frère, parti pour l'armée, ne donnait plus de ses nouvelles. Il fallait nourrir tout ce monde, et nous étions bien pauvres, bien pauvres. Nous vivions tous avec ce que je gagnais, c'est-à-dire que j'allais en journée chez des dames pour coudre et faire la lessive, quand je pouvais quitter mon père et mes petites sœurs. Quinze sous par jour, pour cinq personnes, il n'y a pas de quoi faire gras, je vous assure... Aussi nous ne mangions pas tous les jours parce qu'il fallait d'abord que le père malade ne manquât de rien. Les dames chez qui j'allais s'intéressaient pourtant à notre misère et tâchaient de l'alléger le plus possible, sans cela je crois que nous serions morts de faim... « Ecoute, me dit l'une de ces dames, je vais faire mettre ton père à l'hospice, tes sœurs dans un orphelinat ; quant à toi, ma petite, je t'ai trouvé une place à Paris, chez une de mes amies. Veux-tu aller à Paris ? » Cela m'ennuyait beaucoup de quitter mon père malade et mes sœurs toutes petites, mais je sentais qu'il le fallait, que tout le monde n'en serait que mieux, et j'acceptai la place. Mon paquet fut bien vite fait. Munie de toutes les recommandations possibles, de l'adresse de l'auberge où je devais descendre, car le train n'arrivait que fort tard dans la nuit à Paris, je partis, le cœur bien gros et les yeux bien rouges. Tout le temps que dura le trajet, je pleurai, je pleurai... Dans le grand wagon, mal éclairé, il n'y avait qu'une vieille dame en noir, qui pleurait aussi, un gros homme en blouse qui dormait, la tête couchée sur un paquet noué avec une serviette, et, par dessus le dossier des banquettes, j'apercevais des figures de petits soldats, tout pâles, qui sans doute regagnaient le régiment... Je pensai à mon frère qui ne nous écrivait plus et qui était peut-être mort bien loin... Il me fut impossible de dormir... Ah! comme le temps me parut long!... Qu'allait devenir mon père, à l'hospice? Et les petites sœurs, dans cet orphelinat dont je revoyais les murs hauts et sombres, et si tristes, si tristes! Et puis Paris, dont j'avais toujours entendu parler comme d'une chose terrible et qui tue les pauvres gens, Paris m'effrayait. Je me le représentais ainsi qu'une grande tombe pleine de feu et de fumée, dans laquelle on entre, et qui vous dévore. Je frissonnai à la pensée que j'allais être ensevelie là-dedans, pour toujours peut-être, et j'étais près de défaillir quand le train, après avoir sifflé longtemps, s'arrêta..... C'était Paris... Une voûte énorme avec des choses noires dessous, toutes brouillées, et puis des lumières très loin qui n'éclairaient pas et qui ressemblaient à des étoiles ennuyées d'être tombées du ciel; et puis des gens, tout pâles, presque effacés, qui se pressaient, de gros paquets à la main ; et puis des bruits, des appels, des souffles, des râles de bêtes invisibles, se tordant sans doute, dans la nuit... Où aller ?... Je demandai à un monsieur qui avait une belle casquette brodée d'argent : « L'hôtel de l'Ouest, s'il vous plaît. » Il me répondit : « A gauche, sur la place. » et me tourna le dos... Tout effarée, j'allais, je venais, me butant aux gens, me cognant partout, risquant de me faire écraser par des voitures et des chevaux. Comment me trouvai-je sur une grande place? Je n'en sais rien. C'était l'hiver, il faisait très froid, et la neige tombait... Mon Dieu ! est-ce que j'allais mourir ainsi? Autour de moi, une place toute blanche, avec des maisons très hautes, et des lumières partout qui dansaient, pâles et tristes... Des voitures passaient aussi, chargées de malles... Je me mis à longer les maisons et à essayer de lire, aux endroits éclairés par les réverbères, ce qu'il y avait d'écrit dessus. Je restai bien une heure, monsieur, à tourner de la sorte, dans le froid, dans la neige, dans le vent qui soufflait dur et me glaçait les os. Enfin, je pus lire avec joie, sur une grande façade, ces mots : Hôtel de l'Ouest.

La Renaude fit une pause, respira longuement, puis poussant de nouveau un soupir douloureux, elle continua.

— Je demeurai longtemps avant de pouvoir trouver la sonnette. Pourtant j'y parvins et la porte s'ouvrit. Au bout d'un couloir, il y avait une espèce de chambre à demi-éclairée par une petite veilleuse posée sur une table. Un grand garçon à moitié déshabillé se leva de dessus un lit en bâillant et se frottant les yeux. — « Vous êtes sans doute le monsieur d'ici, dis-je ! Je voudrais bien me coucher, car je suis très fatiguée. » Le garçon me regarda de coin, avec un mauvais sourire. Il prit une clé qui, sur une espèce de tableau, pendait accrochée, avec d'autres, au-dessous d'un numéro, puis il alluma une bougie. — « Venez, » me dit-il. Je le suivis, un peu tremblante. Des escaliers, encore des escaliers ! Ça n'en finissait pas. Enfin il s'arrêta sur un palier, devant une porte qu'il ouvrit, et me fit passer devant lui. C'était une petite chambre, avec un petit lit de fer, et des chaises de paille, sous les combles. Le grand garçon déposa sa bougie sur une chaise, ferma la porte, après avoir écouté pendant quelques secondes, sur le palier... « T'as pas l'air d'avoir chaud, hé, la petite !... mais je vas te réchauffer, moi tu vas voir ça. » Et il se mit à rire, le garçon débraillé, à me rire au visage... Ah ! quel rire... un rire de chien qui montre les crocs en grondant. Je crus qu'il fallait en faire autant, et moi aussi je ris, bien que j'eusse, alors, je vous assure, envie de pleurer... Il s'avança vers moi, me prit par la taille et voulut m'embrasser. « Monsieur ! monsieur criai-je en me débattant. » Tais-toi donc, imbécile, qu'il me dit. Je criai plus fort. « Veux-tu te taire, salope ! » Et il mit sa grosse main sur ma bouche... Alors, je me sentis soulevée brutalement, portée sur le lit... Je voulus résister, mais le grand garçon me broyait la bouche et les membres, de toute la pesanteur de son corps : « Ah ! salope ! ah ! salope ! » ne cessait-il de répéter... Puis il me sembla que je m'en allais, que je tombais dans un grand trou noir... Quand je revins à moi, le garçon était parti, la bougie brûlait tristement sur la chaise, et je vis que j'étais toute déshabillée, que le lit était tout défait, et qu'il y avait du sang sur les draps... J'aurais pu me plaindre, dénoncer ce garçon, le faire arrêter... A quoi bon ? Tout le

monde apprendrait que j'étais déshonorée...
Peut-être que ma nouvelle maîtresse ne
voudrait plus de moi... Je ne dis rien... Et ça
été mon tort... Ma maîtresse était une vieille
fille, désagréable, avare, tracassière, exigeante et qui grognait toujours. On avait
beau faire consciencieusement son service,
elle n'était jamais contente. Sans cesse sur
votre dos, avec cela, fouillant, furetant partout et, s'il manquait par hasard, un morceau de sucre ou une épingle, vous accusant de la voler et menaçant de la police...
Je ne fus pas très heureuse avec elle...
Ne voilà-t-il pas, qu'au bout de quelques
semaines, je m'aperçus que j'étais enceinte!... Ah! monsieur! vous dire toute
les transes, toutes les angoisses par lesquelles je passai, c'est impossible... Enceinte, moi! et de ce garçon!... Ainsi le
déshonneur, que j'avais voulu éviter, allait
devenir public!... J'étais folle, je voulais
me tuer... Dire cela à ma maîtresse, que
j'étais enceinte, autant reprendre mes hardes

tout de suite, et partir !... Je savais que la vieille ne me pardonnerait jamais... Mais où aller ?... Je pus, tant bien que mal, dissimuler ma grossesse. Pourtant le moment fatal arriva... Ah! monsieur, quelle chose terrible !... Justement ma maîtresse entra dans ma chambre, au moment où les douleurs me faisaient pousser d'affreux cris : « Qu'est-ce que c'est, encore, que ces simagrées ! » me dit-elle... Je lui avouai tout, à travers mes sanglots, jurant que ce n'était pas de ma faute, la suppliant de me pardonner... Je crus que la vieille fille, à mes paroles, allait mourir d'indignation : « Misérable traînée, criait-elle, coquine, voleuse ; chez moi des saletés pareilles, chez moi ? Non, non! à la porte. Va-t'en ! » En deux minutes, elle fit mon pauvre petit paquet, alla chercher elle-même une voiture, et me poussant par les escaliers, en me traitant de traînée, fille perdue, voleuse, elle me força à monter dans la voiture qui, sur son ordre, me conduisit à l'hôpital... C'est là que j'accouchai du Parisien, monsieur, de ce pauvre petit... Je l'aime bien tout de même... qu'est-ce que vous voulez!... ce n'est point de sa faute, à ce mignon... dis, mon mignon.

La Renaude regarda douloureusement son enfant, et couvrit son visage de baisers. Elle poursuivit :

— Oui, depuis, monsieur, j'en ai connu de la misère ! Et j'en ai fait des places ! Un jour, chez des rentiers, un autre jour chez des commerçants, des marchands de vin, des fois chez des mauvaises femmes — dame ! je n'avais pas de quoi être bien fière, n'est-ce pas ? — enfin, partout, j'ai roulé partout. Je ne restais nulle part, par exemple, car on me trouvait sotte, gauche, ne sachant rien. Aussitôt prise, aussitôt chassée ! Et mon enfant que j'avais mis en nourrice, il fallait cependant bien gagner de quoi payer son entretien !.... Au bout de quatre ans de cette vie épouvantable, bousculée, renvoyée d'un endroit dans l'autre, je me décidai à revenir chez nous. J'aimais encore mieux le mépris qui m'attendait dans mon pays, que l'affreuse existence que je menais chez ces étrangers. Et puis, je pensais qu'en me conduisant bien, en étant courageuse au travail, on finirait par oublier ma faute !... ma faute !

— Eh bien ? dis-je.

— Eh bien, monsieur, il y a encore beaucoup de bonnes gens, de braves gens du bon Dieu, qui croient que je suis une méchante femme, une rien du tout... Et pourtant, je vous jure, monsieur, je vous jure !...

Et la Renaude, pliée en deux, brisée par l'émotion, se mit à sangloter.

LA MORT DU CHIEN

A M. Paul Hervieu.

LA MORT DU CHIEN

Son maître l'avait appelé Turc.

Il n'avait pourtant rien d'un Turc, le pauvre : bien au contraire. Il était maigre, jaune, triste, de mine basse et de museau pointu, avec de courtes oreilles mal coupées, toujours saignantes, et une queue qui se dressait sur son derrière comme un point d'interrogation.

L'été, Turc allait aux champs, gardait les vaches, aboyait le long des routes après les voitures et les passants, ce qui lui attirait force coups de pieds et force coups de pierre. Sa grande joie, c'était, au milieu d'un chaume, tapissé de trèfle naissant, de lever un lièvre qui détalât devant lui et, à travers haies, douves, ruisseaux et fossés, de le poursuivre en bonds énormes et en courses folles, dont il revenait essoufflé, les flancs sifflants, la langue pendante et ruisselante de sueur.

L'hiver, alors que les bestiaux restaient à l'étable, engourdis sur leur litière chaude, Turc, lui, restait à la niche : un misérable tonneau défoncé et sans paille, au fond duquel, toute la journée, il dormait roulé en boule, ou bien, longuement, se grattait. Il mangeait une maigre et puante pitance, faite de créton et d'eau sale qu'on lui apportait, le matin, dans une écuelle de grès ébréchée, et chaque fois que quelqu'un qu'il ne connaissait pas, pénétrait dans la cour de la ferme, il s'élançait d'un bond, jusqu'au bout de sa chaîne, et montrait les crocs en grondant.

Il accompagnait aussi son maître dans les foires, quand celui-ci avait un veau à vendre, un cochon à acheter, ou des stations à faire dans les auberges de la ville.

D'ailleurs, résigné, fidèle et malheureux, comme sont les chiens.

★ ★
★

Une fois, vers le tard, s'en revenant d'une de ces foires lointaines, avec son maître, arrêté à un cabaret de village, il le perdit. Pendant que le maître buvait des petits verres de trois-six, le chien s'était mis à rôder dans les environs, fouillant avidement les tas d'ordures, sans doute pour y déterrer un os ou quelque régal de ce genre. Quand il rentra dans le cabaret, tout honteux de son escapade et les reins prêts déjà aux bourrades, il ne trouva plus que deux paysans, à moitié ivres, qui lui étaient tout à fait inconnus et qui le chassèrent à coups de pied. Turc s'en alla.

Le village était bâti sur un carrefour. Six

routes y aboutissaient. Laquelle prendre ? Le pauvre chien parut d'abord très embarrassé. Il dressa l'oreille, comme pour saisir dans le vent un bruit de pas connu et familier, flaira la terre comme pour y découvrir l'odeur encore chaude d'une piste ; puis poussant deux petits soupirs, prestement il partit. Mais bientôt il s'arrêta, inquiet et tout frissonnant. Il marchait maintenant de biais, avec prudence, le nez au ras du sol. Il s'engageait quelques mètres seulement dans les chemins de traverse qui débouchent sur la grande route, grimpait aux talus, sentait les ivrognes étendus le long des fossés, tournait, virait, revenait sur ses pas, sondait le moindre bouquet d'arbres, la moindre touffe d'ajoncs.

La nuit se faisait ; à droite, à gauche de la route, les champs se noyaient d'ombre violette. Comme la lune se levait, montait dans le ciel, rose et triste, Turc s'assit sur son derrière, et le col étiré, la tête droite vers le ciel, longtemps, longtemps il cria au perdu :

— Houou ! Houou ! Houou !

Il y avait partout un grand silence épandu.

— Houou ! Houou ! Houou !

Seuls les chiens des fermes voisines répondirent des profondeurs de la nuit aux sanglots du pauvre animal,

***

M. Bernard, notaire, sortait de chez lui, à pointe d'aube et se disposait à faire sa promenade accoutumée. Il était entièrement vêtu de casimir noir, ainsi qu'il convient à un notaire. Mais, comme on se trouvait au plus fort de l'été, M. Bernard avait cru pouvoir égayer sa tenue sévère d'une ombrelle d'alpaga blanc. Tout dormait encore dans la petite ville ; à peine si quelques débits de boissons ouvraient leurs portes, si quelques terrassiers, leurs pioches sur l'épaule, se rendaient, d'un pas gourd, à l'ouvrage.

— Toujours matinal, donc, mossieu Bernard! dit l'un d'eux, en saluant avec respect.

M. Bernard allait répondre — car il n'était pas fier — quand il vit venir, du bout de la Promenade, un chien si jaune, si maigre, si triste, si crotté et qui semblait si fatigué, que M. Bernard, instinctivement, se gara contre un platane. Ce chien, c'était Turc, le pauvre, lamentable Turc.

— Oh! oh! se dit M. Bernard, voilà un chien que je ne connais pas ! oh ! oh !

Dans les petites villes, on connaît tous les chiens, de même qu'on connaît tous les citoyens, et l'apparition d'un chien inconnu est un événement aussi important, aussi troublant que celle d'un étranger.

Le chien passa devant la fontaine qui se dresse au centre de la Promenade, et ne s'arrêta pas.

— Oh! oh ! se dit M. Bernard, ce chien, que je ne connais pas, ne s'arrête point à la fontaine. Oh ! oh ! ce chien est enragé, évidemment enragé...

Tremblant, il se munit d'une grosse pierre. Le chien avançait, trottinant doucement, la tête basse.

— Oh! oh! s'écria M. Bernard, devenu tout pâle, je vois l'écume. Oh! oh! au secours... l'écume !... au secours !

Et se faisant un rempart du platane, il lança la pierre. Mais le chien ne fut pas atteint. Il regarda le notaire de ses yeux doux, rebroussa chemin, et s'éloigna.

*
* *

En un instant, la petite ville fut réveillée par cette nouvelle affolante : un chien enragé ! Des visages encore bouffis de sommeil apparurent aux fenêtres ; des groupes d'hommes, en bras de chemise, de femmes en camisole et en bonnet de nuit, se formèrent, animés sur le bas des portes. Les plus intrépides s'armaient de fourches, de pieux, de bêches, de serpes et de râteaux ;

le menuisier gesticulait avec son rabot, le boucher avec son couperet ; le cordonnier un petit bossu, au sourire obscène, grand liseur de romans en livraisons, proposait des supplices épouvantables et raffinés.

— Où est-il ? où est-il ?

Pendant que la petite ville se mettait en état de défense, et que s'exaltaient les courages, M. Bernard avait réveillé le maire et lui contait la terrible histoire :

— Il s'est jeté sur moi, monsieur le maire, la bave aux dents ; il a failli me mordre, monsieur le maire ! s'écriait M. Bernard, en se tâtant les cuisses, les mollets, le ventre. Oh ! oh ! j'ai vu bien des chiens enragés dans ma vie, oui, bien des chiens enragés ; mais, monsieur le maire, jamais, jamais, je n'en vis de plus enragé, de plus terrible. Oh ! oh !

Le maire, très digne, mais aussi très perplexe, hochait la tête, réfléchissait.

— C'est grave ! très grave ! murmurait-il.

Mais êtes-vous sûr qu'il soit si enragé que cela ?

— Si enragé que cela ! s'écria M. Bernard indigné, si vous l'aviez vu, si vous aviez vu l'écume, et les yeux injectés, et les poils hérissés. Ce n'était plus un chien, c'était un tigre, un tigre, un tigre !

Puis, devenant solennel, il regarda le maire bien en face et reprit lentement :

— Ecoutez, il ne s'agit plus de politique, ici, monsieur le maire ; il s'agit du salut des habitants, de la protection, du salut, je le répète, des citoyens. Si vous vous dérobez aux responsabilités qui vous incombent, si vous ne prenez pas, à l'instant, un parti énergique, vous le regretterez bientôt, monsieur le maire, c'est moi qui vous le dis, moi, Bernard, notaire !

M. Bernard était le chef de l'opposition radicale et l'ennemi du maire. Celui-ci n'hésita plus, et le garde champêtre fut mandé.

※

Turc, réfugié sur la place, où personne n'osait l'approcher, s'était allongé tranquillement. Il grignotait un os de mouton qu'il tenait entre ses deux pattes croisées.

Le garde-champêtre, armé d'un fusil que lui avait confié le maire, et suivi d'un cortège nombreux, s'avança jusqu'à dix pas du chien.

Du balcon de l'hôtel de ville, le maire qui assistait au spectacle avec M. Bernard, ne put s'empêcher de dire à celui-ci : « Et cependant, il mange ! » de la même voix que dut avoir Galilée en prononçant sa phrase célèbre.

— Oui ! il mange... l'horrible animal, le sournois ! répondit M. Bernard, et, s'adressant au garde champêtre, il commanda :

— N'approche pas, imprudent !

L'heure devint solennelle.

Le garde champêtre, le képi sur l'oreille,

les manches de sa chemise retroussées, le visage animé d'une fièvre héroïque, arma son fusil.

— Ne te presse pas ! dit une voix.
— Ne le rate pas ! dit une autre voix.
— Vise-le à la tête !
— Non au défaut de l'épaule !
— Attention ! fit le garde champêtre qui, sans doute gêné par son képi, l'envoya, d'un geste brusque, rouler derrière lui, dans la poussière. Attention !

Et il ajusta le chien, le pauvre chien, le lamentable chien qui avait délaissé son os, regardait la foule de son œil doux et craintif et ne paraissait pas se douter de ce que tout ce monde voulait de lui. Maintenant un grand silence succédait au tumulte ; les femmes se bouchaient les oreilles, pour ne pas entendre la détonation ; les hommes clignaient des yeux ; on se serrait l'un contre l'autre. Une angoisse étreignait cette foule, dans l'attente de quelque chose d'extraordinaire et d'horrible.

Le garde champêtre ajustait toujours.

Pan ! pan !

Et en même temps éclata un cri de douleur déchirant et prolongé, un hurlement qui emplit la ville. Le chien s'était levé. Clopinant sur trois pattes, il fuyait, laissant tomber derrière lui de petites gouttes de sang.

Et pendant que le chien fuyait, fuyait, le garde champêtre, stupéfait, regardait son fusil ; la foule, hébétée, regardait le garde-champêtre, et le maire, la bouche ouverte, regardait M. Bernard, saisi d'horreur et d'indignation.

* * *

Turc a couru toute la journée, dansant affreusement sur ses trois pattes, saignant, s'arrêtant parfois pour lécher sa plaie, repartant, trébuchant ; il a couru par les routes, par les champs, par les villages.

Mais partout la nouvelle l'a précédé, la terrifiante nouvelle du chien enragé. Ses yeux sont hagards, son poil hérissé ; de sa gueule coule une bave pourprée. Et les villages sont en armes, les fermes se hérissent de faux. Partout des coups de pierre, des coups de bâton, des coups de fusil ! Son corps n'est plus qu'une plaie, une plaie horrible de chair vive et hachée qui laisse du sang sur la poussière des chemins, qui rougit l'herbe, qui colore les ruisseaux où il se baigne. Et il fuit, il fuit toujours, et il bute contre les pierres, contre les mottes de terre, contre les touffes d'herbe, poursuivi sans cesse par les cris de mort.

Vers le soir, il entre dans un champ de blés, de blés hauts et mûrs, dont la brise balance mollement les beaux épis d'or. Les flancs haletants, les membres raidis, il s'affaisse sur un lit de bluets et de coquelicots, et là, tandis que les perdrix égaillées rappellent, tandis que chante le grillon, au milieu des bruissements de la nature qui s'assoupit, sans pousser une plainte, il meurt, en évoquant l'âme des pauvres chiens,

Qui dorment dans la lune éclatante et magique.

LA JUSTICE DE PAIX

A M. Guy de Maupassant.

LA JUSTICE DE PAIX

La justice de paix occupait, dans la mairie au rez-de-chaussée, une salle donnant de plain-pied sur la place. Rien d'imposant, je vous assure, et rien de terrible. La pièce nue et carrelée, aux murs blanchis à la chaux, était séparée en son milieu par une sorte de balustrade en bois blanc qui servait indifféremment de banc pour les plaignants, les avocats — aux jours des grands procès — et pour les curieux. Au fond, sur une estrade basse, faite de planches mal jointes, se dressaient trois petites tables devant trois petites chaises, destinées, celle du milieu à monsieur le juge, celle de droite à monsieur le greffier, celle de gauche à monsieur l'huissier. C'était tout.

Au moment où j'entrai, « l'audience » battait son plein. La salle était remplie de paysans, appuyés sur leurs bâtons de frêne à courroies de cuir noir, et de paysannes qui portaient de lourds paniers sous les couvercles desquels passaient des crêtes rouges de poulets, des becs jaunes de canards et des oreilles de lapins. Et cela faisait une odeur forte d'écurie et d'étable. Le juge de paix, un petit homme chauve, à face glabre et rouge, vêtu d'un veston de drap pisseux, prêtait une grande attention au discours d'une vieille femme qui, debout dans l'enceinte du prétoire, accompagnait chacune de ses paroles par des gestes expressifs et colères. Les bras croisés, la tête inclinée sur la table, le greffier, chevelu et bouffi, semblait dormir, tandis qu'en face de lui, l'huissier, très maigre, très barbu et très sale, griffonnait je ne sais quoi sur une pile de dossiers crasseux.

La vieille femme se tut.

— C'est tout ? demanda le juge de paix.

— Plaît-y, monsieur le juge ? interrogea la plaideuse en allongeant le cou, un cou ridé comme une patte de poule.

— Je vous demande si vous avez fini de jaboter, avec votre mur ? reprit le magistrat d'une voix plus forte.

— Pargué oui, mossieu le juge... c'est-à-dire, faites excuses, v'là l'histoire... Le mur en question, le long duquel Jean-Baptiste Macé accote ses...

Elle allait recommencer ses antiennes, mais le juge l'interrompit.

— C'est bien, c'est bien. Assez, la Martine, permis d'assigner. Greffier !

Le greffier leva lentement la tête, en faisant une affreuse grimace.

— Greffier ! répéta le juge, permis d'assigner... prenez note...

Et, comptant sur ses doigts :

— Mardi..., nous assignerons mardi... c'est cela, mardi ! A un autre.

Le greffier clignant de l'œil, consulta une feuille, la tourna, la retourna, puis, promenant son doigt de bas en haut, sur la feuille, il s'arrêta tout à coup...

— Gatelier contre Rousseau, cria-t-il ! sans bouger. Est-il là, Gatelier et Rousseau ?

— Présent, dit une voix.

— Me v'là, dit une autre voix.

Et deux paysans se levèrent, et entrèrent dans le prétoire. Ils se placèrent gauchement en face du juge de paix qui allongea ses bras sur la table et croisa ses mains calleuses.

— Vas-y, Gatelier ! Qu'est-ce qu'il y a encore, mon gars ?

Gatelier se dandina, essuya sa bouche du revers de sa main, regarda à droite, à gauche, se gratta la tête, cracha, puis, ayant croisé ses bras, finalement il dit :

— V'là ce que c'est, mossieu le juge...

J'revenions d'la foire Saint-Michel, la Gatelière, ma femme, et pis Roussiau, ensemble. J'avions vendu deux viaux et, sauf' vout' respect, un cochon, et dame ! on avait un peu pinté. J'revenions donc, à la nuit tombante. Mé, j' chantais, Roussiau agaçait ma femme, et la Gatelière disait tout l' temps : « Finis donc, Roussiau, bon Dieu ! qué t'es donc bête ? qué t'es donc éfant ! »

Et, se retournant vers Rousseau, il demanda :

— C'est-y ben ça ?

— C'est ben ça ! répondit Rousseau.

— A mi-chemin, reprit Gatelier, après un court silence, v'là ma femme qui mont' l' talus, enjambe la p'tite hae, au bas de laquelle y avait un grand foussé. « Où qu'tu vas ? » que j'y dis. « Gâter de l'iau, » qu'è m' répond. « C'est ben ! » que j' dis... Et j' continuons nout' route, Roussiau et mé. Au bout de queuques pas, v'là Roussiau qui mont' le talus, enjambe la p'tite hae au bas de laquelle y avait un grand foussé. « Où qu' tu vas ? » que j'y dis. « Gâter de l'iau, » qu'y me répond. « C'est ben ! » que j' dis. Et j' continue ma route.

Il se retourna de nouveau vers Rousseau :

— C'est-y ben ça ? dit-il.

— C'est ben ça ! répondit Rousseau.

— Pour lors, reprit Gatelier, j' continue ma route. J' marche, j' marche, j' marche, Et pis, v'là que j' me retourne, n'y avait personne sus l' chemin. J' me dis : « C'est drôle ! où donc qu'ils sont passés ? » Et je r'viens sus mes pas : « C'est ben long, que j' dis. On a un peu pinté, ça c'est vrai, mais tout de même, c'est ben long. » Et j'arrive à l'endreit où Roussiau avait monté l' talus... Je grimpe la hae itout, j' regarde dans l'foussé : « Bon Dieu, que j' dis, c'est Roussiau qu' est sus ma femme ! » Pardon, excuse, mossieu le juge, mais v'là ce que j'dis. Roussiau était donc sus ma femme, sauf vout' respect, et y gigottait dans le foussé, non, fallait voir comme y gigottait, ce sacré Roussiau ! Ah ! bougre ! Ah ! salaud ! Ah ! propre à ren ! « Hé, gars, que j' y crie du haut du talus, hé, Roussiau ! Voyons, finis donc, animal, finis donc ! » C'est comme si j' chantais. J'avais biau y dire de finir, y n'en gigottait que pus fô, l' mâtin ! Alors, j' descends dans le foussé j'empoigne Roussiau par sa blouse, et j' tire, j' tire. — Laisse-mé finir » qu'y me dit. — « Laisse-le donc finir » qu' me dit ma femme. — « Oui, laisse-mé finir, qu'y reprend, et j' te donnerai eune demi-pistole, là, t' entends ben, gars, eune demi-pistole ! » — « Eune demi-pistole, que j' dis, en lâchant la blouse, c'est-y ben vrai, ça ? » — « C'est ben vrai ! » — « C'est juré ? » — « C'est juré ! » — « Donne tout d' suite. » — « Non, quand j'aurai fini. » — « Eh ben, finis. » Et moi, j' reviens sus la route.

Gatelier prit pour la troisième fois Rousseau à témoin.

— C'est-y ben ça ?

— C'est ben ça ! répondit Rousseau.

Gatelier poursuivit.

— V'entendez, mossieu l' juge, v'entendez... c'était promis, c'était juré !... Quand il eut fini, y revint avé la Gatelière sus la route, ous que j' m'étions assis, en les attendant. « Ma d' mi-pistole? » que j' demandai. « D' main, d' main, qu'y m' fait, j'ai pas tant seulement deux liâs sus mè ! » Ça pouvait êt' vrai, c'té ment'rie là. J' n' dis rin, et nous v'l'a qui continuons nout' route, la Gatelière, ma femme, et pis Roussiau, ensemble. Mè, j' chantais, Roussiau agaçait ma femme, et la Gatelière disait tout l'temps : « Finis donc, Roussiau, bôn Dieu ! qu' t' es donc bête ! qu' t' es donc éfant ! » En nous séparant, j' dis à Roussiau : « Attention, mon gars, c'est juré. » « C'est juré. » I' m' donne eune pognée d' main, fait mignon à ma femme, et pis, le v'là parti... Eh ben, mossieu l' juge, d' pis c' temps-là, jamais y n'a voulu m' payer la d' mi-pistole... Et l' pus fô c'est, pas pus tard qu'avant-z-hier, quand j'y réclamais mon dû, y m'a appelé cocu ! « Sacré cocu, qu'y m'a fait, tu peux ben t' fouiller. » V'là c' qu'y m'a dit, et c'était juré, mossieu l' juge, juré, tout c' qu'y a d' pus juré. »

Le juge de paix était devenu très perplexe. Il se frottait la joue avec sa main, regardait le greffier, puis l'huissier, comme pour leur demander conseil. Evidemment, il se trouvait en présence d'un cas difficile.

— Hum ! hum ! fit-il.

Puis il réfléchit quelques minutes.

— Et, toi, la Gatelière, que dis-tu de ça? demanda-t-il à une grosse femme, assise sur le banc, son panier entre les jambes, et qui avait suivi le récit de son mari, avec une gravité pénible.

— Mè, j' dis ren, répondit en se levant la Gatelière... Mais, pour ce qui est d'avoir promis, d'avoir juré, mossieu l'juge, ben sûr il a promis la d' mi-pistole, l' menteux...

Le juge s'adressa à Rousseau.

— Qu'est-ce que tu veux, mon gars? tu as promis, n'est-ce pas? tu as juré?

Rousseau tournait sa casquette d'un air embarrassé.

— Ben, oui! j'ai promis... dit-il... mais, j' vas vous dire, mossieu l' juge... Eune d' mi-pistole, j' peux pas payer ça, c'est trop cher... ça ne vaut pas ça, vrai de vrai!

— Eh bien! il faut arranger l'affaire... Une demi-pistole, c'est peut-être un peu cher, en effet... Voyons, toi, Gatelier, si tu te contentais d'un écu, par exemple?

— Non, non, non! Point un écu... La demi-pistole, puisqu'il a juré!

— Réfléchis, mon gars. Un écu, c'est une somme. Et puis Rousseau paiera la goutte, par-dessus le marché... C'est-y convenu comme ça?

Les deux paysans se regardèrent, en se grattant l'oreille.

— Ça t' va-t-y, Roussiau? demanda Gatelier.

— Tout d' même, répondit Rousseau, j'sommes-t-y pas d'z amis !

— Eh ben ! c'est convenu !

Ils échangèrent une poignée de main.

— A un autre ! cria le juge, pendant que Gatelier, la Gatelière et Rousseau quittaient la salle, lentement, le dos rond, les bras ballants.

LES EAUX MUETTES

A MM. Amédée et Emile de Lécluze Trevoëdal.

LES EAUX MUETTES

Le voyage de M. Renan dans sa chère Bretagne a remué en moi tout un monde de souvenirs et d'impressions, et je revois, pour ainsi dire, jour par jour, les huit mois que, l'année dernière, je passai en un des coins les plus sauvages du Finistère, sur cette grève horrible et charmante de la baie d'Audierne, qui va des gouffres noirs de la Pointe du Raz aux rochers homicides de Penmac'h. La jolie petite ville d'Audierne est là, devant mes yeux, et tous les détails de sa vie pittoresque surgissent un à un et passent devant moi, comme les goëlands qui tournoient au-dessus de l'eau bleue de son port. Sur le quai, les maisons blanches s'alignent, coupées de jardins et de chantiers bien abrités des vents de surroie par le coteau où poussent quelques pins maritimes et des chênes verts. Les chaloupes de pêche pressées les unes contre les autres font sécher leurs voiles couleur de rouille qui claquent dans le vent, ou bien leurs filets étendus d'un mât à l'autre, ces longs filets qui quadrillent le ciel de mailles roses. Une goëlette, à la svelte mâture, au bordage peint en vert, débarque du charbon, que des ouvriers empilent dans leurs petites charrettes, attelées de bœufs enchemisés de lin gris. Près de la Marine, deux douaniers causent avec des pêcheurs ; d'autres pêcheurs entrent dans les débits de boisson ; et sur son banc, majestueusement assis, Batifoulier, l'hôtelier fameux à plus de cinquante lieues à la ronde, Batifoulier, qu'illustra Bertall et que portraictura Guy de Maupassant, fume sa pipe. les mains appuyées sur ses genoux, et surveille le père Provost qui radoube son canot sur la cale. Des escouades de petites ouvrières en béguin aplati, en fichu clair, se rendent aux usines laissant derrière elles des odeurs rances de poisson. Des vieilles tricotent et font les cent pas en causant, tandis que des paysans du Cap, à la veste courte, aux braies flottantes, aux longs cheveux qui pleurent sous le chapeau de feutre, amènent un chargement d'orge que doit fréter un lougre de Paimpol. Là-bas, sous les arbres de la place, des anciens se chauffent au soleil, et des femmes raccommodent des filets.

Et les mouettes passent, s'élèvent, plongent, rasent l'eau qu'elles battent de leurs ailes, emplissent l'air de leurs cris, ou bien se laissent mollement bercer par le flot qui monte. Des canots que des mousses conduisent à la godille traversent le port et vont s'amarrer à l'estacade de Poulgoazec, qui, sur l'autre rive, échelonne gaîment ses maisons de pêcheurs, ses usines de sardines, et sa petite église en ruine dont le clocher menace de s'écrouler. Derrière le pont qui relie la route de Plozévet au village d'Audierne, du haut d'un coteau fermant l'horizon, l'hospitalier château de Loquéran mire sa belle façade dans la rivière de Pontcroix, large ainsi que le Danube, et qui bientôt se perd au tournant des rochers, entre les rives hérissées de sapins noirs et de landes mélancoliques.

Voilà que les marins dévalent des venelles tortueuses qui aboutissent au quai, et chacun se rend à son bateau. Pendant que le petit mousse pompe, on dévide les filets, qu'on empile au fond de la cale, en regardant, de temps en temps, le ciel où courent des nuages chassés par le vent de suroît. Puis les voiles sont hissées, on amène les amarres et les bateaux lentement s'éloignent un par un, au bruit rhytmique des avirons, qui luttent contre le courant de la marée montante. La brise souffle plus fort, le ciel se strie de nuages plus sombres, l'eau dans le port clapote furieusement et les goëlands volent bas, en poussant de petits cris auxquels répond du seuil d'un cabaret la chanson d'un ivrogne. Hélas ! demain, on entendra peut-être résonner lugubrement la corne du bateau de sauvetage. Quels sont ceux parmi ces pauvres gens qui ne reviendront pas, et qu'on retrouvera à la pointe Saint-Evet, les membres raidis, le ventre ballonné et la tête fracassée par la vague, contre les rochers ?

* * *

J'avais un chien qu'un de ses propriétaires surnomma *Canard*. Je l'achetai d'un paysan qui le tenait d'un matelot qui le vola en Norwège... C'était un énorme et magnifique barbet, au poil roux, à la démarche auguste, aux muscles puissants. Il portait une épaisse crinière d'or fauve, et ses yeux jaunes, térribles et doux, étaient pareils à ceux des lions. Jamais je ne vis un chien aussi populaire. Du plus loin qu'on l'apercevait, on se mettait aux portes et on disait : « Voilà Canard », comme on eût dit : « Voilà l'Empereur. » Et lui, passant au milieu de son peuple, calme et bon, souriait aux enfants, donnait aux marins un amical bonjour de la patte, obligeait les chiens à le respecter, à le saluer, à le craindre. En revanche, il se montrait galant envers les chiennes qui, depuis qu'elles le connaissaient, n'eussent pas souffert qu'un autre chien les vint flairer de trop près.

Canard avait compris — il comprenait toutes choses — que, lorsqu'on s'installe dans un pays, il est nécessaire, par des exemples qui restent, d'y établir tout d'abord son autorité, afin d'imposer silence aux médisances, et tenir en respect les lâchetés. Depuis longtemps, un chien, une sorte de dogue hargneux, laid, méchant, redouté des enfants et des bêtes, régnait sans partage dans Audierne. Celui-ci accueillit froidement

Canard, et sa froideur ne tarda pas à se changer en une hostilité déclarée. Canard le dédaignait, et quand cet ennemi montrant les crocs, le poil hérissé, venait lui proposer le combat, il haussait les épaules d'un air de pitié. Evidemment Canard avait décidé de tuer le dogue par le ridicule qui est — il faut bien le croire — une arme aussi terrible aux pattes des chiens qu'aux mains des hommes. Un jour — un jour de marché — le dogue s'approcha de Canard d'un ton si menaçant que celui-ci, d'un seul coup de patte, culbuta le dogue qui s'enlisa dans une mare de mortier et si malheureusement qu'on eut toutes les peines du monde à l'en retirer. Vous pensez si le tour fut trouvé plaisant ; peu s'en fallut que paysans et marins ne portassent Canard en triomphe. Le lendemain, le dogue si honteux la veille, avait repris courage. Il s'approcha de Canard, bien résolu à se cruellement venger, cette fois... Mais Canard ne l'entendait pas ainsi, il avait son idée.

idée. Il fit d'abord semblant de fuir devant son piteux adversaire, qu'il attira de cette façon sur le quai. Par d'habiles manœuvres stratégiques, il l'obligea à se placer sur la bordure du quai, très élevé, à cet endroit, au-dessus de l'eau, et, sans se déranger, froidement, ironiquement, d'un simple mouvement d'épaules, il le jeta dans le port... Ce furent des acclamations pour Canard, et des risées pour le pauvre dogue, qui nageant fort mal, manqua de se noyer. Il s'enfuit, poursuivi par les sifflets et les pierres, mouillé, la tête basse, la queue entre les jambes, et ne revint plus.

Canard n'avait pas son pareil pour la pêche... Dans nos courses, le long du Goayen, souvent il s'arrêtait près d'une touffe d'aulnes ; son œil devenait plus luisant, tout son corps frémissait et il agitait frénétiquement le panache superbe de sa queue.

— Eh bien, Canard ?

D'un bond, il s'élançait dans la rivière,

disparaissait. L'eau soulevée au-dessus de lui bouillonnait, marquant, par les remous, la direction de sa chasse sous-marine, et, après quelques minutes, il reparaissait, tenant fièrement dans sa gueule, un rat d'eau ou une truite. Pauvre Canard, te souviens-tu de tout cela?

Te souviens-tu que tu avais exigé de me servir de valet de chambre? Moi je n'avais pas voulu, tu le sais, ayant le respect des chiens, et puis je t'aimais comme un frère! mais, tu avais dit : « Je veux. » Comme tu m'as soigné, bercé, consolé! quel serviteur attentif, ingénieux, désintéressé et fier tu as été!

Te souviens-tu aussi de nos longues marches sur les grèves sauvages, de nos glissades sur les rochers que tapissent le goëmon et le pouce-pied, où la triste anémone fleurit au fond des flaques, d'où s'élèvent les bandes effarées des avrilleaux et des alouettes? Te souviens-tu de nos promenades, par le vent, par la pluie glacée, par la tempête sonore, à travers les landes désolées hantées des corbeaux et des choucas, au bec jaune? Revois-tu encore, à l'extrémité du môle, les récifs du Corbeau et de la Gamelle, secouer comme des crinières gigantesques l'écume colère des brisants ! Et ton œil pensif, pauvre chien, suit-il toujours le vol des bernaches et les barques de pêche qui s'effacent là-bas, au lointain mystérieux du large? Quelles belles choses la mer te disait-elle donc, pour la regarder et l'écouter ainsi? Quelles nostalgies de poète t'apportait-elle, pour que je t'aie vu pleurer de vraies larmes, des larmes de chien !

Et puis, un beau jour, tu es parti!... C'est qu'il le fallait, n'est-ce pas!... La veille du jour où tu m'as quitté, nous avions rencontré un vieil aveugle. On lui avait volé son chien... Avec quel désespoir, il nous racontait son malheur!... Il se guidait péniblement avec son bâton... Je lui donnai quelques sous, et toi, tu lui léchas la main.... N'es-tu point allé le retrouver et ne te verrai-je pas, un jour, près de lui, assis sur ton derrière, demandant la charité, une sébile aux dents?...

⁂

Maintenant le côtre file sur une mer calme que frise pourtant un léger vent de sud-est et qui, là-bas, vers la terre, blanchit les rochers de ses vagues écumeuses. Au-dessus de nous, le ciel est bleu, d'un bleu ardent et pâle, le soleil tombe d'aplomb sur l'eau où dansent mille lumières aveuglantes. La côte n'apparaît que comme un trait sinueux d'ombre violette, barré par la flèche à peine visible et grise d'un clocher de village, et plus loin, par un sapin isolé, si effacé et si flou, qu'on le prendrait pour de la fumée s'élevant d'un toit. Et les goëlands volent très haut, décrivant en l'air de larges courbes d'un dessin délicieux, et les cormorans, tout noirs, rasant les flots, se hâtent vers quelque retraite inconnue. Dans le fond de la baie, des chaloupes, leurs voilures amenées, pêchent la sardine. On dirait de petites taches d'encre tombées, on ne sait comment, sur cette immense page blanche de l'Océan.

Et nous filons grand largue, de temps en temps rafraîchis par les embruns qui viennent nous fouetter le visage, pluie bienfaisante. Penhoat, mon matelot, surveille l'écoute de brigantine, et, lentement, sans mot dire, faisant toutes les minutes gicler un jet de salive brune de sa bouche gonflée par la chique, dévide des paquets de lignes, tandis que Laumic, le mousse, penché sur le bordage, essaie d'accrocher, avec la gaffe, les bouées des casiers que nous rencontrons, ou bien s'amuse à regarder les gottes qui apparaissent, soudain, à la surface, s'ébattent, secouent leurs ailes et plongent pour reparaître plus loin. Moi, je suis à la barre, les yeux et l'esprit perdus dans cette immensité qui nous entoure, le cœur apaisé par ce silence que berce la molle lamentation de flots, si loin des luttes et des douleurs humaines, si loin de la haine qui est au fond de toute la vie !...

Et la nuit vient, une nuit tranquille, sereine et magnifique, une nuit qui laisse traîner dans son ombre transparente des lueurs empourprées. Pareille à une femme qui reçoit l'époux, la mer s'est parée de caresses plus douces, et le ciel a revêtu ses colliers de perles et de diamants sur sa robe tissée de vapeur bleue. Le bateau s'avance dans un bouillonnement de feu, traçant derrière lui une route de lumière qu'on dirait faite avec de la poussière d'étoiles.

Nous sommes arrivés au mouillage où nous devons prendre tant de poisson. Tous les trois, la manœuvre achevée, nous nous asseyons autour de la marmite qui bout et fume, et nous apporte aux narines l'odeur exquise d'une soupe au congre, préparée par le vieux Penhoat.

Le vent est tombé. Pas un souffle dans l'air. La mer reste immobile. A peine si notre barque a ce balancement endormeur d'un berceau d'enfant qu'une nourrice doucement bercerait. Quoique nous soyons mouillés loin de la côte, des bruits nous arrivent, légers et extraordinairement distincts. c'est le pas d'un paysan attardé et qui rentre à sa chaumière ; c'est la marche plus rapide d'un douanier, le long de la sente rocailleuse de la falaise. C'est le cri, si plaintif, des courlis dans les rochers que découvre la marée descendante. Puis, vers le large, à droite, à gauche, partout, on entend, très-assourdies, des voix qui causent, d'autres qui chantent, d'autres qui semblent pleurer, des voix qui viennent, portées par le calme de la nuit, des profondeurs invisibles de l'Océan.

Accoudés au bordage, la ligne en main, j'écoute ces voix et je regarde toutes ces choses vagues et si belles des nuits passées en mer, et qui, sans qu'on sache pourquoi, vous coulent dans l'âme une émotion si poignante. Penhoat écrase des araignées de mer et des crabes dont il jette, de temps en temps par-dessus bord, les débris pour attirer le poisson. Les lignes enfoncent dans l'eau presque jusqu'au fond de l'eau, une raie de lumière vive, et chaque fois que nous les remuons ou que nous les déplaçons, tout le long des cordes minces, des gouttes de feu et des paillettes d'or se détachent et vont se perdant et s'éteignant peu à peu dans le gouffre noir. Autour de nous, des marsouins bondissent, cabriolent, soufflent, se poursuivent, montrent parfois leurs dos énormes et agiles, pareils à des petits cuirassés.

Tout à coup, je ressens à la main comme une forte secousse et ma ligne se raidit, se tend et semble emportée.

— Attention ! c'est un gros congre ! me dit Penhoat.

Et nous voilà tous les deux luttant avec le monstre, qui résiste et, de ses formidables coups de queue nous brise les poignets. Enfin, apparaissent dans un véritable bain de phosphore, sa queue plate, et son ventre argenté...

La lune se lève, la mer est toute blanche, et sous la voile drapée en forme de tente, je m'endors, délicieusement bercé par la mer qui me chante, tout bas, une chanson naïve et si douce, comme celles que ma mère me chantait, enfant, au berceau.

⁂

Que de fois n'ai-je point fait cette route que fera M. Renan, cette route impressionnante du Cap qui va d'Audierne à la Pointe-du-Raz ? A droite, ce sont des champs que séparent, non point des haies, mais des murs de galets, ou de grandes pierres granitiques ; on dirait d'une ville détruite dont il ne reste que des parcelles de murailles. Pas d'arbres dans ces champs plantés de choux ou de pommes de terres, seulement de distance et distance, des bouquets de pins grêles et tristes, des moulins à vent dont les grandes ailes tournent, et des croix de pierre dont les grands bras portent des images de saints camards et de vierges naïves. A gauche, par delà une large bande de terre, la mer s'étend et semble monter dans le ciel avec lequel parfois elle se confond, en un poudroiement de nacre rose. Voici Saint-Tugen et sa belle église, Saint-Tugen célèbre par son pardon où l'on vend des clefs bénites qui guérissent de la rage. Et la route continue, se rapprochant de la mer ; le vent du large vous apporte des grondements sourds, et des senteurs salées ; on distingue sur la surface tranquille de ce bel océan, des quantités de petites voiles grises, et des bateaux au mouillage, puis là-bas, très loin, un paquebot, très effacé et qui laisse sur le ciel des taches fines de fumée... Nous passons au Floc'h, petit hameau de pêcheurs, d'une pauvreté navrante. La mer brusquement s'avance jusqu'à la route qu'aux jours des grandes marées elle défonce, culbute et encombre de galets. Resserrée à cet endroit entre de hautes falaises, elle est toujours furieuse, s'acharne contre les galets, bouillonne, se tord et retombe en volutes blanchissantes. Puis, c'est sur la hauteur nue des dunes, une pauvre chapelle pareille à une grange abandonnée, Notre-Dame-du-Bon-Voyage, pèlerinage fréquenté des marins ; puis Plogoff, et ses masures croupissant dans la saleté et la vermine, ses champs sombres et tristes où le paysan lutte désespérément avec la lande et la pierre. Enfin voici la Pointe du Raz.

Que de fois, couché sur ces rochers qui plongent dans la mer, sur ces rochers déchirés, calcinés, entaillés sinistrement, creusés en gouffres mugissants et pareils à l'enfer, que de fois j'ai admiré l'admirable et poignant spectacle de cette mer verte, au vert impitoyable et cruel qu'ont parfois les yeux des femmes ! Elle se déploie, immense, infinie et toujours colère, parsemée de récifs qui montrent au-dessus de l'eau leurs têtes

noires frangées d'une collerette d'écume.
En face, l'île de Sein et ses phares s'aperçoivent, brume légère que teinte le soleil ;
à droite, la baie des Trépassés dont les rocs
carrés qui l'enserrent comme des murs dérobent aux yeux des veuves et des orphelins
les cadavres qu'elle roule sur le sable jaune
de sa grève.

Et je restais là, suivant le vol des
mouettes et des cormorans, les oreilles emplies du grondement des brisants, me demandant si toute cette eau n'était pas formée
des larmes que cette mer a fait couler, et si,
quand les phares s'allument, vers la nuit,
et prolongent au loin leur lumière sanguinolente, ce n'était point le sang des victimes
qui revient, tache ineffaçable, pour l'accuser
et la maudire...

* *
*

Voici ce qu'un jour, Guillaume Vern,
un vieux capitaine au long cours, qui en

savait long sur les choses de la mer, me raconta, tandis que la vague, avec un bruit de canonnade, battait le pied de la falaise au haut de laquelle nous étions étendus, sous le soleil :

« Jean Donnard et Pierre Kerhuon embarquaient les filets dans la chaloupe, amarrée au quai, près de la cale qu'ensanglantaient des débris de poissons fraîchement éventrés. Tout était en mouvement dans le petit port de Saint-Guénolé. Au bruit de leurs lourds sabots, à tiges de toile bise, les marins dévalaient, par groupes, le dos courbé sous le poids de leurs filets ; d'autres, bras dessus bras dessous, sortaient des débits de boisson, chancelant et chantant ; les mousses nettoyaient les bateaux prêts à prendre la mer ; et l'on voyait déjà quelques embarcations filer doucement sur l'eau que battaient les grands avirons, pareils à des vols de goëlands lents et bas. On était au plus fort de la pêche du maquereau.

— Allons, dépêchons, dit Jean Donnard, en continuant de dévider les filets que Pierre Kerhuon disposait symétriquement au fond de la chaloupe.

Mais Pierre Kerhuon s'arrêta et, sans regarder son compagnon :

— Jean Donnard, dit-il d'une voix qui tremblait un peu, tu ferais bien de ne pas sortir aujourd'hui... tu ferais bien.

Jean Donnard haussa ses larges épaules, et ne répondit pas.

— Jean Donnard, reprit le marin, je te dis que tu ferais bien de ne pas sortir aujourd'hui. M'entends-tu ? Je te dis que tu ferais bien.

Donnard regarda le ciel au-dessus de lui ; puis, là-bas, la mer qui, par-delà une mince bande de terre, s'étendait immense et profonde.

Le ciel était sans un nuage ; la mer brillait sous le soleil, sans un frisson. Et il dit :

— Assez, n'est-ce pas ? Avec vous autres, tas de fainéants, c'est toujours la même chanson... Es-tu le patron, hein ? Alors, tais-toi, ivrogne.

— Comme tu voudras, reprit Kerhuon d'une voix sourde. Mais, écoute-moi bien. L'année dernière, Jacques Pengadec est sorti aussi, par un beau temps comme celui-là... Et il n'est pas revenu... Comme tu voudras, Jean Donnard.

Jean Donnard allait répondre, quand les sept marins et le mousse, qui formaient le reste de son équipage, apparurent sur la cale, portant leurs capotes de toile cirée et leurs paniers d'osier. En un clin d'œil, hommes et filets furent embarqués. La chaloupe démarrée, on hissa les voiles dont les drisses crièrent sinistrement au long des mâts, et, debout près de la barre, Jean Donnard, grave et sombre, se signa, comme il avait coutume de faire chaque fois qu'il partait vers le large.

Jean Donnard avait soixante ans. Haut et droit, il était d'une force peu commune

et redouté des jeunes gens. Son visage, sans
barbe, cuit à tous les soleils, gercé à toutes
les tempêtes, semblait de vieux cuir ; ses
mains énormes et brunies semblaient de
vieux chêne ; on eût dit que son regard
triste et *lointain* comme le regard des
hommes qui ont longtemps vécu sur la mer
ou dans les solitudes immenses, gardait
comme un reflet de l'infini. Malgré les dangers de cette rude existence du pêcheur,
malgré les privations journalières et les
épuisantes fatigues, à peine si on eût pu
compter trois ou quatre poils blancs en la
chevelure épaisse qui garnissait ses tempes,
sous le béret bleu, très aplati sur le crâne.

Ce vieillard passait pour le meilleur pêcheur et le plus intrépide marin de la côte,
cette côte tragique de Penmac'h, creusée
de gouffres où la mer éternellement mugit,
hérissée de rocs noirs, sur lesquels les vagues
brisent et tordent leur écume, blanche de
colère. Quand la brise était mauvaise et la
mer lourde, alors que tous les pêcheurs res-

taient à terre, promenant leurs paresses et leurs soûleries de cabaret en cabaret, et qu'on apprenait qu'une chaloupe avait quitté le port, on pouvait être certain que c'était celle de Jean Donnard. Il affrontait tous les temps, bravait toutes les mers et prétendait que la mer et lui se connaissaient trop, depuis longtemps, « pour se faire des méchancetés ». Et il s'en allait, souvent à quinze lieues au large, découvrant les basses les plus poissonneuses, jetant sa drague dans des fonds connus de lui seul, naviguant ainsi, quelquefois durant plusieurs jours et plusieurs nuits. Il fallait le voir, debout à la barre, sa figure sombre frappée par les embruns, enlever sa chaloupe qui se cabrait sur la houle.

A ce rude métier, il avait gagné une petite fortune. Sa maison était propre, bien tenue ; elle tranchait avec la blancheur gaie de sa façade et le luisant de ses meubles, sur les taudis immondes où, d'ordinaire, croupissent dans la fange et dans la vermine, les marins bretons. On l'admirait parce qu'il était peut-être plus brave que les autres, qu'il se trouvait, toujours là, le premier, pour sauver un camarade en détresse, mais on ne l'aimait pas. Les pêcheurs ne pouvaient lui pardonner ses pêches heureuses, qu'il étalait, au retour, sur les cales, avec une sorte de complaisance provocante ; ils ne pouvaient lui pardonner aussi son bien-être, ses belles vareuses et son linge bien blanc des dimanches, et ce respect et cette supériorité qui s'imposaient à eux, malgré eux. Et puis on le disait dur au pauvre monde et très-avare. En effet, on ne l'avait jamais vu se fourvoyer dans ces camaraderies des débits de boisson, commencées par les *tournées* des petits verres et finissant par les rixes sanglantes : cette folie furieuse et inguérissable de l'alcool qui, parfois, fait ressembler les marins à des brutes déchaînées.

Son équipage surtout le détestait, à cause du travail dont il le tuait, de la discipline sévère qu'il exigeait à bord, de son excessive âpreté dans le partage des pêches, laquelle, souvent et chaque fois qu'il en trouvait l'occasion, tournait à de vulgaires *carottages*.

Sans qu'il parût ou voulût s'en douter, une haine sourde grondait autour de Jean Donnard, soigneusement attisée par ce Pierre Kerhuon qui l'accusait de s'entendre avec les mareyeurs pour le voler et l'exploiter, et pour grossir injustement sa part, à lui. Et Kerhuon, un gros homme à face de bête méchante et lâche, eût fait déjà un mauvais parti à son patron, s'il n'avait été retenu par la crainte de cette force et l'implacabilité de ce courage.

La chaloupe avait marché bon train ; elle se trouvait alors dans les parages de l'île de Sein. Mais le vent tout à coup était tombé. Le soir venait. Sous les derniers rayons du soleil qui traînaient à sa surface immobile comme un voile de gaze rose, la mer silencieuse et calme semblait s'assoupir. Dans le lointain, un steamer, à peine visible, apparaissait, striant le ciel d'un nuage de vapeur légère et grise; de place en place, en cette immensité délicieuse, quelques bateaux de pêche, pareils à des oiseaux noirs, étaient coquettement posés sur les flots, et la côte se noyait avec la mer et le ciel, dans une brume éclatante.

Jean Donnard, toujours assis à la barre, n'avait pas adressé une seule fois la parole à son équipage ; il ne parlait jamais que pour commander. Ses hommes dormaient, couchés sur les filets ; à l'avant, le petit mousse préparait le bois pour la soupe de poisson.

— Mais nous dérivons ! dit Jean Donnard. Il n'y a plus de vent dans la toile. Allons, amène les voiles et souque sur les avirons.

Aucun ne bougea.

— Eh bien ! m'a-t-on entendu ? cria le patron d'une voix tonnante.

Alors Pierre Kerhuon se leva lentement, regarda ses compagnons d'un œil louche et, s'adressant à Donnard :

— Jean Donnard, dit-il, tu aurais mieux

fait de ne pas sortir aujourd'hui... Tu aurais mieux fait !

Le patron s'était levé à son tour, frémissant de colère. Kerhuon reprit :

— Jean Donnard, te souviens-tu de Jacques Pengadec qui était sorti aussi lui, et qui n'est jamais revenu ?

— Veux-tu faire ce que j'ai dit, vilain cancre ?

— Non, Jean Donnard. Ni moi, ni personne ici, tu entends !

Et Kerhuon se croisa les bras et regarda Donnard, menaçant.

Jean Donnard s'était subitement radouci, — non qu'il tremblât, mais il voulait savoir quelle pensée de révolte s'allumait dans ce cerveau de brute.

— Voyons, Pierre Kerhuon, dit-il presque amicalement, es-tu donc devenu fou ? Pourquoi refuses-tu de m'obéir ?

— Pourquoi ? demanda le misérable en laissant trainer ses mots lentement. Pourquoi ? Tu le sais bien, Jean Donnard. C'est parce que tu nous embêtes, parce que tu nous voles ; parce que, tes maisons, tu les bâtis, tes beaux habits, tu les achètes avec notre argent ; parce que nous sommes las de trimer pour toi, et qu'il faut que tu nous paies d'un coup ce que tu nous as pris, parce que, comme Pengadec, tu ne reviendras pas, et que tu vas mourir, Jean Donnard !

A ces derniers mots, Jean Donnard, que la fureur étouffait, se précipita sur Kerhuon et, d'un coup de poing, l'envoya rouler au fond de la chaloupe. Mais aussitôt seize bras le saisirent, l'enlacèrent, l'étranglèrent, lui déchirant la poitrine, lui fracassant la tête contre les mâts.

— A l'eau ! à l'eau ! hurlait Kerhuon.

Le malheureux résistait, se cramponnait aux filets, aux avirons, à tout ce que sa main rencontrait.

— A l'eau ! répétait Kerhuon.

Alors, perdant ses forces, tout meurtri et tout sanguinolent, il se sentit enlever par-dessus le bordage et son corps tomba dans la mer, lourdement.

Le mousse, épouvanté, poussa un cri et s'évanouit.

Le soleil avait disparu derrière la ligne d'horizon, ne laissant plus au ciel qu'une faible lueur rougeâtre. L'ombre, peu à peu, se faisait, solennelle et terrible, et l'on n'apercevait plus rien que l'eau blanchissant par endroits, comme un suaire, et la lumière des phares qui saignait funèbrement sur la mer.

Les hommes courbés sur les avirons ramaient, de toute la vigueur de leurs bras, et la chaloupe fuyait. Pierre Kerhuon était assis à la barre. On se consultait sur ce qu'on devait faire.

— Il faut noyer le mousse, dit Kerhuon. Il parlera et nous sommes perdus.

Une voix faible qui semblait sortir de l'ombre et courir sur le clapotement de la mer, arrivait jusqu'au bateau.

— Pierre Kerhuon ! Pierre Kerhuon !

Et Kerhuon commanda :

— Guillaume, empoigne le mousse, et à l'eau ! jette-le à l'eau !

La chaloupe fuyait et la voix appelait toujours.

— Pierre Kerhuon ! Pierre Kerhuon !

Et Kerhuon commanda de nouveau :

— Toi, Joseph, prends la gaffe et, si le vieux aborde, un bon coup sur la tête ; tu m'as compris ?

La voix se rapprochait, devenait plus distincte.

— Pierre Kerhuon ! Pierre Kerhuon !

La nuit était à présent toute noire. Kerhuon ne voyait pas Jean Donnard, mais il entendait la voix, si près de lui qu'il crut que son souffle l'effleurait. Il frissonna.

— Pierre Kerhuon, écoute moi. Tu m'as tué... tu as bien agi... Je me suis mal conduit avec toi, je m'en repens... Et puis je suis vieux, j'ai fait mon temps. Tu m'as tué... C'est bien... mais le petit mousse,

lui, il ne t'a rien fait, le pauvre enfant...
Laisse-le vivre... Il ne parlera pas... Dis,
mon petit Yvon, tu ne diras rien, jamais,
jamais... promets-le moi... Tu vois bien,
Kerhuon, il est si mignon... et ça te porte-
rait malheur... Au nom de la sainte Vierge,
je te supplie !...

Pendant que la voix parlait, Kerhuon entendit, derrière lui, un bruit étrange comme
le bruit d'une bête qui aurait gratté.

— Au nom de la sainte Vierge Marie !

Kerhuon se détourna, tout tremblant, et
il vit une main, une grosse main, la main
de Jean Donnard, qui se cramponnait au
gouvernail pareille à un crabe. Il saisit la
barre et la brandit en l'air.

— Allons, Guillaume, s'écria-t-il, à toi le
petit !

La barre retomba. On entendit, en même
temps, un effroyable juron, puis la chute
d'un corps dans la mer.

La brise, soudain, fraîchît. La chaloupe

s'enfonça rapidement dans la nuit, disparut ; et les eaux redevinrent tranquilles et muettes, étoilées seulement par les lumières pâles des falots de pêche qui dansaient sur leurs bouées de liège.

LE PETIT MENDIANT

A M. Jean Richepin.

LE PETIT MENDIANT

— Veux-tu bien t'en aller, petit misérable, criait dans le jardin la Renaude, qui s'était armée d'un balai, attends, attends ! je vais t'apprendre à rôder autour des maisons.

Et elle menaçait de son terrible balai un petit mendiant qui, appuyé contre les planches du clos, la regardait, en lui faisant la grimace.

— Qu'y a-t-il ? la Renaude ? demandai-je.

— Vous ne voyez donc pas cet effronté, monsieur ? répondit la domestique. Voilà plus de dix minutes qu'il tourne autour de la maison... Sans compter qu'il n'a pas l'air bon, le vaurien... Je les connais, moi, ces vagabonds de malheur !... Il y a trois jours, la grange à Heurtebize, vous savez bien, elle a brûlé sans qu'on sache pourquoi, ni comment... Qu'est-ce qui vous dit que ce n'est pas ce mauvais garnement, ou quelqu'un de sa bande ?... Attends, attends ! je vais t'en faire brûler, moi, des granges !

Je m'approchai du petit mendiant, et d'une voix sévère, je lui dis :

— Que fais-tu ici ?

— Je regarde, répondit l'enfant avec assurance.

— Mais que veux-tu ?

— Je voudrais bien du pain, ou n'importe quoi t'est-ce.

— Allons, viens, on te donnera du pain.

Mais l'enfant ne bougea pas. Sa figure, devenue grave tout à coup, avait pris une expression de méfiance.

— Viens donc, lui dis-je à nouveau.

Il me regarda avec de grands yeux craintifs.

— Vous ne me ferez pas de mal, dites, monsieur ? murmura-t-il.

— Mais non, petit imbécile !

— Ni la grosse femme, non plus, avec son balai, dites ?

— Mais non.

— Alors je veux bien venir.

Il remonta sur ses épaules un bissac plein de croûtes de pain qu'il avait déposé près du clos, et me suivit à la maison.

Je fis servir une tranche de bœuf froid, du pain bien frais et une bouteille de cidre au pauvre petit qui se mit à manger gloutonnement, mais non sans regarder autour de lui avec inquiétude. Ses yeux, vifs et mobiles, examinaient tout, fouillaient tout. On eût dit qu'il avait peur que quelque chose de menaçant n'apparût soudain sortant des meubles, de la cheminée, de dessous les pavés, du chaudron de cuivre jaune dont la panse reluisait comme un soleil au fond de la cuisine.

Il pouvait avoir treize ans. Sa figure bistrée était charmante et fine ; ses yeux, très noirs, largement cernés de bleu, avaient une expression à la fois gamine et nostalgique ; ses cheveux, noirs aussi, longs et plats, lui eussent donné l'air d'un page, comme on en voit dans les romans de chevalerie et sur les vieux vitraux, n'étaient la pauvreté de sa veste de toile déchirée en dix endroits, et la misère de son pantalon rapiécé et trop court qui montrait le bas des mollets, les chevilles délicates, les pieds nus raccornis par la marche et jaunis dans la poussière des chemins. Il avait d'ailleurs une apparence de bonne santé et de force.

Quand il se fut rassasié, je l'interrogeai :

— De quel pays es-tu, petit?

— Moi, je suis bohémien, c'est-à-dire que mon père était bohémien ; parce que moi, je ne suis de nulle part. Je suis né dans une voiture, sur une route, loin d'ici, dans je ne sais plus quel pays.

— Tu as encore tes parents?

— Mon père est mort.

— Et ta mère?

— Je ne sais pas.

— Mais comment es-tu seul, ainsi?

— Ah! bien, voilà! Mon père avait une grande voiture jaune, qui était notre maison. Nous allions de ville en ville. Mon père raccommodait la porcelaine et raiguisait les couteaux. Moi, je soufflais la forge, et je tournais la meule, et le chien gardait la voiture. On s'arrêtait à l'entrée des pays; les chevaux mangeaient l'herbe des talus, et puis, quand on avait gagné une bonne journée, on faisait cuire la soupe au bord de la route... et mon père me battait. Mais il y a bien longtemps de ça; je n'étais pas grand comme aujourd'hui. Puis mon père s'est cassé les deux jambes, puis après, comme il ne pouvait plus travailler, il s'est mis à mendier, et moi aussi. Il avait vendu la voiture, les chevaux ; il n'avait gardé que moi et le chien.

— Mais comment pouvait-il mendier avec les deux jambes cassées ?

— Ah ! bien, avec l'argent de la voiture, il s'était fait faire une machine à roulettes. Vous comprenez, il était comme assis sur sa machine à roulettes, qu'il poussait comme ça, avec ses deux mains... Ça res semblait à un bateau... Vous avez bien vu des bateaux ?... Ah bien, mon père était comme qui dirait le bateau, et ses bras, comme qui dirait les avirons... Et puis, il est mort... Alors j'ai continué à mendier tout seul. Seulement, je n'aime pas les villes, je ne vais que dans les campagnes.

— Et tu n'es pas malheureux ?

— Non, monsieur. J'aime beaucoup ça. Quelquefois, on me permet de coucher dans des granges ; quelquefois aussi, on me chasse... Alors, voilà, je m'arrange toujours à trouver un abri... Dans les bois, mon-

sieur, ça vaut mieux que dans les granges...
Il y a de la bonne mousse, des bonnes
feuilles sèches, et puis ça sent bon, et le
matin, les oiseaux chantent, et je vois
des lièvres, ou bien des biches, ou bien des
écureuils...

— Mais comment fais-tu pour manger?

— Quelquefois on me donne, alors, c'est
bien ; quelquefois on ne me donne pas, alors
je vole.

— Comment, tu voles, petit misérable !

— Mais puisque je suis bohémien !

— Tu n'as pas peur qu'on te fourre en
prison ?

— On ne peut pas, puisque je suis bohémien... Tout le monde sait ça.

— Qu'est-ce qu'on sait ?

— Qu'il est permis aux bohémiens de
voler. Vous ne savez pas, vous ?... Mais
c'est très vieux... Un jour, un bohémien
passa auprès de la croix où se mourait
Notre Seigneur. Il arracha les clous enfoncés dans les pieds de Notre Seigneur et les

emporta. Depuis ce temps-là, Notre Seigneur a permis à tous les bohémiens de voler... Ah! j'ai fini, dit l'enfant, en se levant... Je vas m'en aller, mais vous êtes un bon monsieur.

Le pauvre petit m'avait ému. Je lui demandai :

— Voyons, mon ami, ne voudrais-tu pas t'instruire, apprendre un métier ?

— Ah non! répondit-il vivement... Pourquoi faire ?... J'aime mieux mes routes, mes champs, mes belles forêts, et mes bons amis les oiseaux... J'aurai toujours un lit de mousse pendant l'été; des carrières bien chaudes, pendant l'hiver, et la charité du bon Dieu qui aime les petits bohémiens... mais vous êtes tout de même un bon monsieur... Adieu, monsieur... Merci, monsieur...

Je lui donnai quelques sous, bourrai son bissac de pain et de viande.

Et gaîment, comme saute un jeune chien, il franchit le seuil de la porte.

Je le vis qui s'était arrêté, à la haie prochaine. Il cueillit une branche de coudrier dont il se fit un bâton ; puis m'ayant envoyé un joyeux bonjour de la main, il galopa dans le chaume et disparut.

Pauvre enfant! Peut-être a-t-il raison! Et peut-être, autrement, serait-il devenu banquier, ou ministre !

LE CRAPAUD

A M. Aurelien Scholl.

LE CRAPAUD

J'avoue que j'aime le crapaud. Bien qu'il soit hideux et couvert de pustules, qu'il rampe sur un ventre jaune sale, qu'il ait la démarche grotesque et qu'il se plaise au fond des vieux trous ou sur la bourbe des eaux croupies, cet animal ne m'inspire aucune répulsion. Je n'ai nul dégoût à le prendre dans ma main et à lui dire les paroles de tendresse niaise que murmurent les concierges aux oreilles de leurs affreux roquets. Que de poignées de main j'ai données à des hommes dont la peau était peut-être plus blanche et lavée au champa, mais dont l'âme était infiniment plus immonde que celle du crapaud! Car, n'en doutez pas, s'il est vrai que l'homme possède une âme, le crapaud, le pauvre crapaud, en possède une aussi, et combien meilleure! L'avez-vous observé quand, après avoir aidé sa femelle à se débarrasser de ses œufs, il enroule lui-même autour de ses propres cuisses, les précieux chapelets? Il les porte partout avec lui, plus prudent, plus ingénieux que jamais, de façon à ce qu'aucun de ces œufs ne se détache, et lorsqu'ils sont près d'éclore, il les dépose dans une mare, au meilleur endroit, et les défend courageusement contre les salamandres et les mourons.

Il n'y a pas, dans toute la création, un être plus haï que le crapaud. Les femmes, à sa vue, poussent des cris d'horreur, et si, par malheur, son corps a frôlé le bout de leurs jupes, elles s'évanouissent. L'ignorante brutalité du passant lui déclare une guerre sans merci. Quand, après les averses, on le rencontre par les chemins, qui sautille gauchement sur ses pattes courtes et plissées, on l'assomme d'un coup de bâton, on lui lance des pierres qui l'écrasent. C'est un maudit, maudit comme le sergent de ville que les surins guettent au détour des rues nocturnes ; comme le gendarme dont on retrouve le corps mutilé, au fond d'une marnière, près du bois hanté des braconniers ; comme tous ceux-là qui se dévouent à une œuvre juste, utile et bienfaisante, sans autre récompense que le mépris et la haine des foules. Ce n'est point seulement à cause de sa laideur qu'on le déteste, c'est surtout à cause de la mission, à la fois protectrice et justicière, qu'il accomplit dans la nature. Le crapaud détruit les larves qui coupent les moissons par la racine, font se flétrir les blés et se dessécher l'herbe des prairies ; il pourchasse impitoyablement les insectes qui dévorent les bourgeons, les limaces, les chenilles, les vers immondes qui corrodent les fleurs de leur bave, et pourrissent, sur les branches, les fruits encore verts : besogne ingrate et qui, semblable à celle de ces Don Quichottes imbéciles qui veulent préserver des larves humaines les beaux fruits d'intelligence, les belles fleurs d'art, les belles semences de patriotisme, ne rapporte que des horions et des risées. Malheureux crapaud, quand donc cessera-t-on de te poursuivre, de te jeter des pierres, de t'assommer ainsi qu'une bête malfaisante, toi, l'auxiliaire résigné du laboureur, le protecteur honni des jardins, le conservateur des trésors de la terre, toi qui, malgré ta mine basse et les verrues de ta carcasse rugueuse, devrais être le premier, parmi les animaux sacrés, comme tes sœurs les hirondelles et les cigognes, comme tes frères, les roitelets?

Je marchais dans un chemin de traverse, bordé à droite et à gauche de bourdaines épaisses et de souches d'ormes courtes, trapues, mangées de polypes monstrueux et creusées de trous noirs. Il avait plu. Maintenant l'eau s'égouttait à la pointe de chaque feuille, en perles brillantes que le soleil irisait. Derrière les haies, les champs, mouillés par l'averse, fumaient, et l'on apercevait sur une branche morte de pommier des oiseaux bouffis qui secouaient leurs plumes. Sur le talus du chemin, entre les ronces et les brins d'herbe, quelque chose de sombre s'agita. Je m'approchai et je vis un crapaud, un vieux crapaud à la peau grumeleuse et crevassée qui, fort empêtré dans la broussaille, fuyait vers un gros tronc d'orme dont les racines à nu posaient sur le talus comme les serres d'un immense épervier. J'observai le crapaud. Après beaucoup de difficultés, il arriva au pied de l'arbre, juste au-dessous d'un trou qui, à la hauteur de cinquante centimètres, bâillait tristement dans l'écorce de l'orme. De ses deux pattes de devant, le crapaud s'appuya fortement contre l'arbre; lorsqu'il se sentit bien suspendu, il fit un mouvement et son ventre se colla contre l'écorce, faisant l'office de ventouse; ses pattes alors se détachèrent pour s'élever plus haut. C'est ainsi qu'il atteignit le trou, par où il disparut. Cet exercice m'avait émerveillé et je pensai que le crapaud qui l'avait aussi délicatement exécuté, devait être un vieux routier, habile en plus d'un tour et d'une intelligence rare, comme sont les vieux crapauds. Je cueillis une belle mûre sauvage, je la piquai au bout d'un brin d'herbe et l'introduisis dans le trou de l'arbre, en ayant soin de la faire aller et venir pour exciter la curiosité et la gourmandise de mon batracien. Au bout de quelques minutes, je sentis que la mûre avait été gobée. J'en pris une nouvelle, et celle-ci ne tarda pas à être mangée; à la troisième, le crapaud se présenta au bord du trou.

Qu'il avait une bonne et vénérable figure, avec sa gueule large et plate, ses gros yeux ronds qui lui sortaient de la tête, des yeux à la fois pleins de bonté, de malice et de résignation!

Je lui donnai encore quelques mûres, des vers et des mouches qu'il avala avec une visible satisfaction, en me regardant d'un air de reconnaissance; et lui ayant laissé une provision de nourriture, je continuai mon chemin...

Tous les jours, je passais en cet endroit, et je m'arrêtais auprès du vieil orme. Le crapaud ne tardait pas à paraître. Je le gorgeais d'insectes, et lui, pour me remercier, me racontait toutes les aventures de sa vie, ses longs sommeils d'hiver sous les pierres gelées; la cruauté des hommes quand, après les pluies chaudes, il sortait de sa retraite et s'égarait dans la campagne, foulé par les pieds, poursuivi par les dents des fourches; tous les coups de bâton et tous les coups de sabot dont sa peau gardait encore les traces; et j'admirais combien ce patriarche avait dû dépenser d'adresse, de prudence, de véritable génie, pour arriver, sans trop d'encombres, à travers les dangers et les embûches, malgré la haine des hommes et des animaux, à traîner sa misérable existence qui devait être longue de plus de cent années.

— Notre histoire, me dit le crapaud, est pleine de choses lamentables et merveilleuses. On nous déteste, mais nous intriguons beaucoup les gens... Il faut que je te raconte quelque chose d'extraordinaire... Un soir de printemps, je fus pris par un savant, un vieux savant, qui cheminait sur la même route que moi. Tu connais sans doute cette espèce d'hommes farouches et barbares qu'on appelle des savants!. Il paraît que cela ne vit que du meurtre des pauvres bêtes, et que cela ne se plaît que dans le sang et les entrailles fumantes... Mon savant avait des lunettes et un grand chapeau de paille, sur lequel il avait piqué au moyen d'une épingle trois papillons qui battaient de l'aile de douleur... C'était affreux... Il m'enveloppa de son mouchoir et en me fourrant dans une boîte en fer blanc qu'il portait en bandoulière, je l'entendis ricaner et se dire : « Voilà un fameux crapaud! Ah! nous allons pouvoir nous amuser un peu, voilà donc un fameux crapaud. » Je passai la nuit en cette boîte que le bourreau, sans plus de façon, avait accrochée à un clou, dans son cabinet. Le lendemain de grand matin, le savant me retira de ma prison. Il me déposa sur une table, où se trouvaient beaucoup d'instruments et d'objets inconnus, puis, après m'avoir examiné en tous les sens du bout de sa pince d'acier, il me jeta au fond d'une sorbetière et me gela... Oui, il me gela!... Quand je sortis de la sorbetière, j'étais inerte et plus dur qu'une pierre. « Je crois qu'il est gelé, tout à fait gelé, je le crois, » dit le savant. Et, pour s'en assurer mieux, il me frappa à plusieurs reprises avec une règle et me précipita durement trois fois, sur le parquet. Mon corps claquait comme une planchette de bois sec: « Parfaitement gelé, mon garçon, » reprit-il. Et l'on me mit au frais.

Je restai ainsi deux ans. L'été, j'avais un supplément de glace car le savant craignait que je ne dégelasse. Quand un ami venait rendre visite à mon savant, on descendait à l'endroit où je me morfondais en mon gel : Celui-ci me prenait dans sa main et me jetait violemment contre un mur : « Qu'est-ce que c'est que ça, le savez vous ? demandait-il ». « C'est un crapaud en bois. » — « Pas du tout, c'est un crapaud gelé, et il vit, et je le dégèlerai, et cela fera une révolution à l'académie. » C'étaient, à ce propos, des discussions qui n'en finissaient plus. Je fus, en effet, dégelé en grande pompe et me mit aussitôt à sauter comme un cabri. Tout l'Institut était là; on n'en revenait pas. Je profitai de l'effarement général pour m'enfuir, car je ne doutais pas que tous ces gens ne voulussent recommencer des expériences sur mon dos... On m'a conté depuis que le savant a écrit trois volumes in-quarto, sur mon aventure... Quelle pitié !

Je ne sais pourquoi l'idée me vint de lui donner un nom, et je l'appelai : Michel. Il parut très flatté de cette attention, le pauvre crapaud, et peut-être prit-il ce vocable pour un ennoblissement, pour quelque chose qui devait désormais le sauvegarder du mépris. Il répondait très bien à son nouveau nom, et quand je disais : « Michel ! » son corps se trémoussait, et ses yeux, plus vifs, roulaient avec un reflet de joie dans leurs orbites saignantes. Le bruit de mes pas sur le chemin lui était familier et connu, et il ne l'eût pas confondu avec celui des autres passants. Du plus loin qu'il l'entendait, vite il se présentait à l'entrée du trou, impatient et frémissant comme un chien qui sent approcher son maître. Quelquefois, je faisais mine de ne pas m'arrêter, et Michel me suivait de ses yeux devenus tristes tout à coup.

Un jour, je ne trouvai plus Michel. En vain je l'appelai, en vain je frappai sur l'arbre, en vain je mis dans le trou noir des insectes et des mûres. Le trou était vide : Michel était parti. Je repassai le lendemain.

Une chauve-souris avait élu domicile dans la maison du pauvre crapaud. Elle s'envola tout effarée par la lumière, se cognant aux branches des arbres et poussant de petits cris. Je ne doutai pas que Michel n'eût été assommé. Pourtant la broussaille n'avait été dérangée ni foulée; aucun savant, aucun chien n'était venu là. Je ne pensais plus à Michel, quand, un beau matin, je l'aperçus qui me regardait du seuil de son antre. Mais, combien changé! Sa peau ridée, flasque, autour de son corps, faisait de gros bourrelets verdâtres; son œil était atone; à peine s'il pouvait remuer ses membres, réduits à l'état de chiffons visqueux.

— Eh bien! Michel, lui dis-je d'une voix sévère, vous vous êtes mis dans un joli état! Voilà donc où vous mène l'inconduite.

Michel me regarda d'un air craintif et honteux. Pourtant il mangea avidement des insectes et de belles mûres. Nous reprîmes nos conversations. .

Hier encore, je ne vis pas Michel, et je remarquai que les ronces avaient été, au pied de l'orme, piétinées, saccagées, arrachées. Et soudain je l'aperçus, le corps en bouillie, ses entrailles étalées, attaché sur la terre, par une brindille de coudrier pointue comme une épée. Je le couvris de quelques feuilles de ronces et l'ensevelis dans son trou.

Une fauvette chantait au sommet d'un arbre voisin.

LA MORT DU PÈRE DUGUÉ

A M. Emile Zola.

LA MORT DU PÈRE DUGUÉ

— D'abord, ça l'a pris dans l' vent'e,.....
y a pas tant seu'ment huit jou's. Mon Dieu,
t'nez, c'tait l' jeudi d' l'aut' semaine...
des c'liques, des c'liques, ça y tordait les
bouyaux... Et il allait, il allait, y n'arrêtait
point d'aller... y n' mangeait quasiment
ren... eune p'tite poire l' matin, un morceau
d' fromage l' soir... Alors y s'a couché...
Et il a eu eune fieuvre, Jesus Dieu ! eune
fieuvre,.. y guerdillait...

Le médecin tâtait le pouls du malade
d'un air grave.

— Il ne s'est pas plaint de la tête ? demanda-t-il.

— Ah ! malheu !.. si y en s'en plaint ? Et fô.....

— Pas de délire ?

— S'y vous plaît ?

— Il n'a pas eu de délire ?

— J' crai pas... y n'en a ren dit... Vous v'lez p'tête voir son iau ?

Sans réponse, le médecin souleva les couvertures du lit, et, à plusieurs reprises, appuya fortement sa main contre le ventre du père Dugué, qui, couché sur le dos, la bouche ouverte, ne remuait pas et de temps en temps poussait une plainte étouffée, puis il hocha la tête et se mit à écrire une ordonnance.

— Vous lui donnerez une cuillerée à bouche de cette potion, toutes les demi-heures, recommanda-t-il à la mère Dugué qui le reconduisait jusqu'à la porte.

Pendant qu'il détachait la longe de son cheval et la roulait soigneusement en paquet :

— Quoiqu' vous pensez ? interrogea-t-elle.

— Je crains bien qu'il ne passe pas la nuit, répondit-il.

— C'te nuit même? Ainsi! voyez-vous ça!... si c'est Dieu possible!

— Allons, au revoir! dit le médecin en remontant dans son cabriolet... les chemins sont rudement mauvais par chez vous...

Et la voiture s'éloigna, en dansant sur les ressauts de la route, glissant dans les ornières, d'où la boue giclait.

Demeurée seule, la mère Dugué, d'une main se grattant le nez, de l'autre ramenant sur la hanche le bas de son tablier, réfléchit un instant, puis elle se décida à traverser le petit verger qui attenait à la maison, à l'extrémité duquel, derrière la haie, entre les pommiers, on apercevait une masure couverte de chaume. Elle héla :

— La Garnière! hé! la Garnière!... Hééé.....

Au bout de quelque temps, on entendit un bruit traînant de sabots, et une vieille femme se montra à travers les branches.

— C'est-y après mé qu' t'en as? cria-t-elle.

— Oui, c'est après tè, la Garnière. J' suis toute seule à la maison... Ma fille n'est point cor arrivée d' la ville ; mon fi est dans l'bois, à cri des champignons... Y faut qu' t'ailles cheuz l' formacien, porter c' papier,.. et pis cheuz mossieu l' curé, pour y dire d'venir, ben vite, à quant l' bon Dieu...

— C'est-y pour l' pè Dugué, tout ça ?

— Ben sur qu' c'est pour li...

— Et qué qu'il a dit, l' médecin ?

— Y n'a ren dit... il a dit seu'ment qu'y n' passerait point la nuit...

— Ah! Vierge Marie! en v'là eune histoire... J'ai eune idée qu' c'est les mauvaises fieuvres, comme défunt moun homme... Et pis l'âge itout... Y n'est point tant jeune, l'pè Dugué...

Et les deux femmes, que toutes les commères du hameau de Freulemont étaient venues rejoindre, se mirent à causer et à se raconter des aventures miraculeuses de maladies et de médecins,

⁂

Le père Dugué avait soixante-douze ans, un âge qu'atteignent rarement les paysans, harassés qu'ils sont par la besogne, brisés par les fatigues, épuisés par les nourritures insuffisantes en un climat presque toujours pluvieux et froid comme l'est celui de Normandie. Je le rencontrais quelquefois, quand il allait chauffer son vieux dos, sur les routes, au soleil, ou bien encore quand il descendait à la ville, le vendredi, pour se faire raser, et acheter sa bouteille d'eau-de-vie. Il marchait péniblement, sa haute taille courbée en arc vers le sol, se soutenant avec un long bâton de cornouiller qu'il avait lui-même, il y a plus de vingt ans, coupé dans dans une haie. Nos conservations étaient toujours les mêmes. « — Un beau temps, père Dugué. — Heu! ça pourrait ben changer, l' vent n'a point viré dans l' bon sens. » Ou bien : « Un chien de temps, père Dugué ! — Heu ! ça pourrait ben s' l'ver, l'vent est haut. » Les jours de grande gaîté, quand il avait son coup de « raide », il ne manquait jamais de me dire, non sans une pointe de malice en ses petits yeux clignotants : « J'ons vu un gros ieuvre à nuit... I s'a l'vé, là, dans la plante, tout cont' la maison... Ben sûr qu' vous l' trouverez dans les betteraves à Maît' Pitaut. » Hormis cette débauche rare de confidences, le père Dugué restait silencieux et songeur, comme sont les vieux chiens, comme sont les vieux hommes des campagnes.

Dans sa jeunesse, on lui proposa, sans qu'il lui en coûtât un sou, de lui apprendre l'état de boucher, un bel état et qui rapporte gros. Il refusa net : « D'pè en fi, dit-il, j'ons été dans la tè ; et mè, itout, j's'rons dans la tè. » Son ambition eût été de louer une petite ferme, mais il n'y fallait pas songer, car il manquait de *garanties,* et il ne possédait point d'argent pour acquérir l'outillage nécessaire. Il se résigna donc à être un simple ouvrier des champs. Laborieux, dur à la fatigue, économe, honnête et sobre, l'ouvrage lui venait tout seul. Le fléau en main, et battant le blé sur l'aire chantante des granges, émondant les arbres, charroyant le fumier, labourant, semant, il se trouvait heureux et ne demandait rien à Dieu, sinon que cela continuât ainsi, toute la vie. Le bon temps surtout, c'était l'époque des moissons, quand, la faux emmaillotée de paille et le javelier tout neuf sur l'épaule, il partait « faire son août » dans la Beauce, d'où il rapportait des poignées d'écus et de belles pistoles.

Après avoir longtemps réfléchi, hésité, pesé le pour et le contre, il se maria. Bien sûr, ce n'était pas pour « la bêtise ». Il s'était passé « des femelles » jusqu'ici, il s'en passerait bien encore. Non, ça ne le tourmentait pas; même, ça « l'embêtait » plutôt. Mais il avait besoin d'une ménagère qui lavât son linge, raccommodât ses affaires, préparât la soupe. Et puis, une femme, quand elle sait s'arranger, qu'elle est vaillante et point gauche, au lieu de coûter de l'argent, en rapporte au contraire. Le tout est d'avoir la main heureuse et de ne pas tomber sur des mijaurées et des pas grand-chose, comme il y en a tant au jour d'aujourd'hui. Il choisit une grosse fille, vigoureuse et dégourdie, et franche ainsi qu'un cœur de chêne, et il vint s'intaller avec elle, au hameau de Freulemont, dans une petite maison qu'il loua, jardin et verger compris, soixante-dix francs par an. La maisonnette se composait de deux pièces et d'un cellier ; de beaux espaliers en garnissaient la façade ; le jardin donnait autant de légumes qu'il en fallait et les pommes du verger, dans les bonnes années, suffisaient à la provision de cidre. Que pouvait-il rêver de mieux ? Il eut aussi deux enfants, un garçon et une fille, qu'il envoya, l'âge venu, à l'école, parce qu'il comprenait que dans le temps présent, il était indispensable de posséder de l'instruction.

Pendant qu'il travaillait d'un côté, sa femme allait en journée de l'autre, faire la lessive, coudre, frotter, chez des particuliers, ou bien aider à la cuisine, aux moments de presse, dans les auberges de la ville. Elle acquit à cela une véritable célébrité de cuisinière, et bientôt on ne parla plus d'une noce dans le pays, qu'elle ne fût chargée d'en combiner et d'en exécuter les plantureux repas. Fameuse aubaine, car, ces jours-là, c'était une pièce de quatre francs, en plus de la bonne nourriture et des *rigolades* que son corsage avenant et ses grosses joues fermes et rieuses lui valaient de la part des jeunes gens. Dugué était bien jaloux de ce que sa femme s'amusât dans les noces, surtout de ce qu'elle se régalât de poules à l'huile et de veau à l'oseille, alors que lui se contentait de soupe aux pommes de terre et de fromage, mais il ne disait rien à cause des quatre francs.

L'homme et la femme ne se voyaient donc

presque jamais, occupés qu'ils étaient, chacun de son côté, et ils n'éprouvaient à cela aucun chagrin, aucun besoin, tant cette situation leur semblait naturelle, tant ils croyaient qu'elle était la règle commune de la vie. Le dimanche, ils se trouvaient quelquefois réunis, mais, dès qu'ils avaient supputé les gains de la semaine, ils ne se parlaient plus; non qu'ils se boudassent, c'est qu'en vérité ils n'avaient rien à se dire. Dugué profitait de ce repos pour tailler ses espaliers, bêcher son jardin, remettre une tuile au toit, une planche neuve à la porte, casser du bois, et la Duguette s'en allait commérer dans le village. En dehors du dimanche, elle se réservait le jeudi, pour savonner ses affaires, celles de son homme et des enfants qu'elle confiait, au retour de l'école, à la garde d'une voisine.

L'existence eût coulé, pour Dugué, toujours pareille, et il eût vieilli, heureux, si une cruelle déception, « un grand malheux » n'était venu lui mettre au cœur une amertume qui avait empoisonné toute sa vie.

Son beau-père habitait, à une quinzaine de lieues de Freulemont, un village qu'on appelait Le Jarrier. Depuis son mariage, Dugué ne l'avait pas revu, et il ne s'inquiétait pas plus du bonhomme que de l'empereur de Russie. Il apprit même avec une suprême indifférence que le vieux était souvent malade, et qu'il avait parfois des attaques si terribles — « des coups de sang » — que le curé jugea à plusieurs reprises qu'il devait l'administrer. Dugué disait à ce propos : « Y peut ben trépasser, si ça y fait plaisi ; j' l'empèchons point... » Il avait décidé qu'il n'irait pas à l'enterrement, ni lui, ni sa femme, parce que « quinze ieues, c'est loin et qu'ça cout' gros d'voitures ». La vérité, c'est que le gendre était parfaitement convaincu que le beau-père ne possédait pas « tant seu'ment un radis », par conséquent peu lui importait qu'il vécût ou qu'il mourût.

Un matin, Dugué reçut une lettre du

notaire qui lui annonçait que l'état du beau-père était désespéré et l'engageait à arriver au plus vite. Son étonnement fut profond. Comment! il se serait trompé à ce point-là? Comment! le beau-père qui passait pour être plus pauvre que Job serait maintenant plus riche que défunt Crésus? Ah! ça, par exemple, c'était trop fort! Pourtant il ne pouvait y avoir de doutes là-dessus. Si un personnage aussi considérable qu'un notaire daignait lui écrire, à lui, simple Dugué, ça n'était pas pour des prunes, et l'héritage devait être quelque chose d'extraodinaire. Il se fit lire et relire la lettre.

— S'y avait ren, se dit-il, voyons, s'y avait ren... l'notaire n'écrirait ren... C'est clair, c'est vident... Faut parti...

Il loua une carriole et un cheval, car il s'agissait d'aller bon train et de ne pas flâner. Durant la route, il s'affermissait davantage dans son raisonnement, et comptait par avance les écus du bonhomme.

— Y a ben sûr très cents écus, p'tête

pus, se répétait-il en tapant sur le cheval avec le manche du fouet ; p'tête quat'cents... sans ça, l'notaire ne m'aurait point marqué ça dans eune lett'e... p'tête cinq cents...

Quand il eut dépassé les premières maisons du Jarrier, quelqu'un qui serait venu lui dire que le beau-père laissait moins de mille écus aurait probablement été reçu à coups de trique.

En descendant de la carriole, le cœur lui battait bien fort, et la maison du beau-père — chaumière misérable et croulante — lui apparut plus splendide que tous les palais des contes des fées. Dugué en demeura, quelques instants, ébloui. Un noyer qui secouait ses feuilles jaunies dans la brise, lui donna la sensation délicieuse de beaux louis d'or carillonnant, s'entrechoquant, et s'éparpillant sur lui en averse magnifique. Il entra. Mais sur le seuil, il faillit tomber à la renverse... Le beau-père était là, debout, vivant, et qui mangeait de la soupe dans une terrine de grès !... La surprise, l'indignation retenaient Dugué cloué à cette place. Il ne pouvait plus ni entrer, ni sortir... Anéanti, il était semblable à l'avare, à qui l'on vient de voler un trésor... Il bégaya :

— Comment! v'nêtes poiut mô? v'nêtes point mô?

— Point cor, mon gars, point cor, répondit le beau-père, sans se déranger et en continuant de manger sa soupe avec une majestueuse lenteur.

— C'est ben !.. J'm'en vas...

Dugué remonta dans la carriole.

— Hue ! sacrée rosse ! Hue ! sacrée carne !

Il fouettait le cheval à bras raccourcis, jurait, sacrait, tempêtait.

— Ah ! la sacrée rosse ! ah ! la sacrée carne !

On ne savait si c'était au cheval que ses épithètes s'adressaient ou bien au beau-père; vraisemblablement, dans l'état de fureur où se trouvait Dugué, elles s'adressaient aux deux.

Le cheval arriva fourbu à Freulemont, et creva le lendemain,

— En v'là pour eune couple d'dix pistoles ! se dit Dugué.

Et il se consola, en pensant que le beau-père finirait bien par crever, lui aussi.

Cet incident n'avait pas ébranlé sa confiance, au contraire. Chaque jour qui s'écoulait voyait s'augmenter l'héritage de cent écus.

— Qu't'es bête, moun homme, disait la Duguette, et t'as tô, oui, t'as tô, d'te monter la tête comme ça... J'crai ben qu'c'est meilleu qu'j'avions cru... mais des deux mille écus comme tu dis... ous qu'il aurait pris c't'argent-là, l'vieux grigou ?

— On n'sait point, on n'sait point, répondait l'obstiné Dugué.

Il en était à trois mille écus, quand il reçut une seconde lettre du notaire.

— C'coup-ci, c'est l'bon, s'écria le gendre joyeux... Enfin, c'est point malheureux, il est mô, ben mô !

En effet, la lettre annonçait que le beau-père était bien définitivement mort, et qu'il n'y avait à craindre aucune résurrection.

Dugué loua un nouveau cheval, une nouvelle carriole, et partit de nouveau pour Le Jarrier, sans se presser, s'arrêtant à tous les bouchons de la route, interpellant drôlement tous les gens qu'il rencontrait.

—Na! ma cocotte; oh! oh! ma biche, disait-il à son cheval, d'une voix attendrie.

Puis il s'adressait directement à son beau-père, le tutoyait. Il se sentait pour lui une immense affection.

— C'sacré biau-pé; c'était point un mauvais homme tout d'même! Ah! l'pauv' boun-homme !

En ce moment, il n'eut point donné l'héritage pour cinq mille écus.

Quand le père Dugué vous contait cette terrible aventure, il avait coutume de s'interrompre à cette partie de son récit. Et, les yeux hagards, la bouche frémissante de colère, il vous demandait :

— Sav' vous ben c' qu'y avait à l'héritage ? L'sav'vous ben ?... Ah ! malheux ! Y avait... y avait, en tout, cinquante-huit francs et des sous... et là-dessus fallait payer l'enterrement, l'notaire, l'enrégitrement, l'diable sait quoi !

— Mais comment cela s'est-il terminé ?

— Eh ben ! j'ons eu la fieuvre, deux mois durant... et pis j'on voulu faire un procès à c'menteux d'notaire... et pis, la fin des fins, j'ons refusé l'héritage... pour faire eune niche au bounhomme.., Et pis... ç'a m'a coûté pus de très cents francs... oui, pus de très cents francs, bon sens d'bon sens !...

⁎
⁎ ⁎

Il n'avait pas été heureux, non plus, « du côté d'z'éfants ». Et pourtant il avait dépensé « ben de l'argent, ben de l'argent pour leux instruction ». Ah ! comme il s'en repentait maintenant ! Oui, il aurait dû faire comme tant d'autres, ne pas les envoyer à l'école, les « durcir » tout de suite à l'ouvrage. Ils n'en seraient par morts, bien sûr ; et cela eût peut-être mieux valu, car peut-être son garçon et sa fille n'eussent point aussi mal tourné.

Dugué rêvait de faire de son garçon « du p'tit gars Isidore », un cultivateur, non pas un ouvrier comme lui, mais un fermier pour de bon. D'ailleurs, il ne pouvait comprendre qu'on pût choisir un autre métier que « la tè » quand on était né « d'pè en fi dans la tè ». C'était un testament d'honneur, un héritage de noblesse qu'il eût été criminel de répudier. Il ne manquait pas de « feignants » pour les autres métiers. Aussi son chagrin fut-il profond et grand son désappointement, quand Isidore exprima sa volonté bien arrêtée d'entrer « en condition, » d'être domestique, comme mossieu Baptiste, le valet de pied du château, un homme superbe qui éblouissait tout le monde avec ses beaux habits galonnés, et

sa culotte de nankin plus jaune que du
beurre. Qui donc avait bien pu fourrer dans
la tête de son fils des idées pareilles ? Il
commença d'abord par le sermonner, essaya
de lui expliquer ce que c'était que « la tè »,
promit qu'il aurait une ferme « consé-
quente » comme les Touches à mait'Pitaut.
Puis, Isidore, criant toujours qu'il voulait
« être comme mossieu Baptiste », il finit par
lui administrer une volée de coups de
poing. Au bout d'une année de bourrades,
entremêlées de discussions théoriques et
de promesses folles, devant une vocation
qui ne cédait pas aux raisonnements et
s'exaltait aux coups, Dugué consentit à ce
que son fils entrât groom, au château, sous
la direction du superbe mossieu Baptiste.
Domestique! son fils domestique! Elle était
finie cette longue file d'ancêtres aux mains
calleuses, aux dos voûtés, qui étaient nés
de la terre, qui avaient peiné sur la terre,
qui dormaient dans la terre, honorés des
hommes qu'ils avaient nourris, bénis de

Dieu dont ils avaient continué l'œuvre de création !

Ce lui fut une blessure cruelle, mais son orgueil d'entêté terrien se révolta, et il ordonna qu'on ne lui parlât plus jamais de son fils. Cependant, peu à peu, son chagrin prit un caractère moins dramatique, et la colère se changea en indifférence gouailleuse. En ricanant, il appelait son fils « l' marquis » et quand la Duguette recevait une lettre de lui, c'était un thème à plaisanteries qui ne tarissaient pas.

Après dix ans d'absence, Isidore, ballotté d'une place dans l'autre, paraissait s'être définitivement établi chez un banquier où les gages étaient très forts, et les bonnes mains très grasses. Il était tout à fait formé, portait la livrée avec une aisance supérieure, montrait, à la ville, des élégances de dandy, se tenait soigneusement au courant de toutes les anecdotes parisiennes, fréquentait ce qu'il y a de mieux dans le grand monde des domestiques. Jugeant le nom d'Isidore trop commun pour le valet de chambre d'un banquier, il avait prié son maître de lui attribuer celui, beaucoup plus distingué, de Justin. A l'office, on disait : « Monsieur Justin ».

M. Justin éprouva le besoin de venir passer quelques jours au pays, afin d'y étaler le luxe de ses jaquettes, de ses chaînes de montre, et de ses souliers vernis. Il voulait jouir de l'étonnement de ses pauvres compatriotes, de la curiosité et du respect que ne manquerait pas de susciter, parmi tous ces paysans ahuris, la correction de sa tenue. Il fit une malle de ce qu'il possédait de plus précieux en cravates, gilets, pantalons, et partit pour Freulemont. Le père Dugué, ses outils sur l'épaule, revenait de la besogne journalière, quand la voiture qui amenait monsieur Justin de la gare, s'arrêta devant la maison. M. Justin en descendit prestement et s'avança vers son père, en souriant. Mais Dugué, d'un geste, empêcha l'effusion du retour. Il examina son fils des pieds à la tête, avec un air de souverain mépris, puis il dit froidement :

— J'avons point b' soin d' domestique, mon gars. J'vidons ben nout' pot tout seul.

Il lui tourna les talons et lui ferma la porte au nez.

— Si ça ne fait pas pitié ! disait plus tard, le père Dugué... F' gurez-vous qu'il avait des souliers pointus, l' marquis, pointus quasiment comme la queue de nout' cochon, et un chapiau qui r' luisait pus que l' saint-Sacrement.

Quant à sa fille, ça avait été une autre histoire ! Et c'était à se demander vraiment ce que le diable avait pu bien mettre dans le corps de ces deux méchants enfants. La Fanchette passait, sans contredit, pour la plus belle fille de la contrée. Un visage avenant, rouge comme une pomme et toujours gai, des membres solides, des yeux hardis, et avec cela, active au travail, dure au plaisir, elle n'avait point sa pareille pour émoustiller les gars. Les galants no lui manquaient point, et, parmi eux, des lurons qui possèdaient « du beau bien » au soleil. Aucune de Freulemont, de la Boulaie-Blanche, des Pâtis, du Bois-Clair, des Quatre-Fétus, de Boissy-Maugis, ne pouvait se vanter de voir à ses trousses une telle procession d'yeux ronds, de bouches béantes, de bras en extase. Il y avait surtout le garçon à mait'Pitaut qui ne quittait pas Fanchette d'une semelle... et le garçon à mait'Pitaut voilà qui eût été une fameuse affaire ! Dugué ne se dissimulait pas toutes les difficultés qui s'opposaient à ce mariage, mais il comptait sur l'adresse de sa fille pour les surmonter. Il espérait secrètement qu'elle saurait, au besoin, se faire faire un enfant par ce nigaud de garçon à mait'Pitaut, et Fanchette « une fois emplie », le tour était bon, il faudrait, de gré ou de force, en passer par mossieu le maire et par mossieu le curé. Combinaison honnête après tout, puisqu'on devait se marier et vivre ensuite entre braves cultivateurs. Certes, il n'eut point admis que Fanchette fît « la bêtise » pour « la bêtise ». Seulement, puis qu'il s'agissait d'être sérieux et d'aller à l'église, personne ne pouvait « trouver à r' dire à ça ». Un dimanche, la Fanchette déclara qu'elle voulait « s'accorder » avec François Béhu. Dugué aurait reçu toute une charretée de foin sur la tête, qu'il n'eût pas été plus dûment assommé.

— Ah ! la sacrée femelle ! s'écria-t-il à cette révélation inattendue... Ainsi, c'est tout comme l' marquis... T'as hont' d'être dans la tè... y t' faut des gars d' la ville... François Béhu !... Non ! mais r'gardez mé ça... François Béhu... un homme qu'est seu'ment pas du pays... un propre à ren qui n' sait seu'ment point r' connaître la vesce d'avé l'chianve... Un feignant qui travaille dans eune fabrique... qu'a des moustaches !... T' l'épouseras point, t'entends bien, t' l'épouseras point.

— J' vous dis, moi, répondit Fanchette, j'vous dis que j'l'épouserai... y m'plaît, na!...

C'est mon idée... j' l'épouserai... et pis j' l'épouserai... Et pis, n'avez qu' faire d' gueuler comme ça... pasque, j' m' fous d' vous.

— Ah ! tu t' fous d' mè, mâtine ! Ah ! tu t' fous d' mè... Eh ben ! attends.

Dugué avait les deux bras levés pour frapper. Fanchette, les poings sur les hanches, provocante, les yeux colères, regarda son père bien en face.

— V' pouvez m' battre, espèce de grand brutal, dit-elle... v' n'empêcherez ren... Et pis que vous v'lez tout savoir... j' suis enceinte, na !... enceinte de li... oui, oui, enceinte d' François Béhu.

Et, s'avançant, le col tendu, elle lui crachait ce nom, tout près, dans la figure.

Etourdi comme par un coup de massue, cinglé par ce nom comme par un fouet à cent lanières, Dugué recula en chancelant, et laissa retomber ses bras au long du corps, dans un grand geste d'accablement. Il ne comprenait plus. Ses idées sur la justice, la morale, la religion, étaient bouleversées, au point qu'il n'y démêlait plus rien. Pourtant, dans son trouble, une espérance lui restait. Fanchette s'était peut-être trompée. Il balbutia.

— T'es sûre que c'est d' li ? rappelle-tè... T'es ben sûre que c' n'est pas du garçon à mait'Pitaut ?...

La Fanchette haussa les épaules.

— Vous me prenez donc pour eune sale ?... Voudriez peut-être que j'couche avé tout le monde ?

Non certainement, il ne le voulait pas. Mais le garçon à maît' Pitaut n'était pas tout le monde, sapristi ! Puisqu'elle avait « tant fait de coucher avec quelqu'un », pourquoi n'avoir pas choisi celui-là, un brave et honnête homme, qui possédait de la religion et une ferme superbe ? Jamais, non, jamais on ne lui ferait admettre pareille chose. Ainsi, c'était donc fini ! Des beaux rêves qu'il avait formé pour l'établissement de ses enfants, aucun ne devait se réaliser. Tous les deux, le garçon et la fille déshonoraient son nom, l'un « en récurant les pots de chambre des nobles », l'autre en s'amourachant d'un méchant gars, venu on ne sait d'où, passant son temps, dans les fabriques, à faire on ne sait quoi. Un joli monsieur qu'il aurait pour gendre ! Ivrogne, débauché, prodigue, républicain, cela va sans dire, comme sont les ouvriers des usines. Ah ! cela lui promettait de l'agrément ! D'ailleurs, n'avait-il pas des moustaches, ce François Béhu ? Et, les moustaches, tout était là ! De même que les paysans de sa race, adorateurs des habitudes anciennes, gardiens sévères des traditions, Dugué haïssait les gens, cultivateurs et ouvriers, qui portaient moustache. La moustache, pour lui, représentait la révolte, la paresse, le partage social, toutes les aspirations sacrilèges qui soufflent des grandes villes sur les campagnes, tout un ordre de choses effroyables et nouvelles, auxquelles il ne pouvait penser sans que ses cheveux se dressâssent d'horreur sur sa tête. Le vice, le crime, les révolutions, ce qui l'inquiétait, quand il avait le temps de songer, lui apparaissaient sous la forme symbolique de moustaches hérissées terriblement. Et c'était juste, car, depuis qu'il existait, ce qu'il avait vu, à Freulemont et ailleurs, d'insoumis à la terre, de mauvais sujets, de braconniers dangereux, de voleurs, et d'hommes vivant en concubinage, tous avaient des moustaches, comme François Béhu. Enfin, de même qu'il avait cédé aux fantaisies d'Isidore, il ne s'opposa pas à ce que Fanchette épousât « l' moustachu », disant, pour se consoler, que les coups qu'elle recevrait, ce ne serait pas lui, bien sûr, qui les sentirait. La noce fut célébrée assez gaiement. Il y eut les violons, et la Duguette confectionna un repas succulent où chacun se grisa de « cidre bouché » et de poiré.

*
* *

Maintenant, le bonhomme était vieux.

Ses cheveux avaient blanchi sur sa figure rouge et ravinée par les rides : son grand corps maigre, jadis si robuste, se cassait en deux et s'inclinait, de plus en plus, vers la terre ; la force abandonnait ses membres qui tremblaient sous le moindre fardeau s'épuisaient à la moindre fatigue. Il dut se résigner à quitter le travail.

Le soir qu'il revint, pour la dernière fois, avant de remiser, au fond du cellier, ses outils désormais inutiles, le père Dugué alla dans le jardin, d'où l'on apercevait, par dessus la haie d'épines taillées, les champs qui s'étendaient au loin. Sous le ciel crépusculaire, les champs s'endormaient, toujours forts, toujours beaux. La sève battait en eux, comme bat le sang aux veines des jeunes gens. Et longtemps il contempla cette terre, la « tè » bien aimée, la « tè » triomphante, la « tè » que la neige des hivers ne refroidit jamais, que ne dévore jamais l'incendie des étés, qui renaît toujours plus splendide de ses éternels enfantements, sur laquelle les hommes, les idées et les siècles passent sans y laisser la trace de leurs querelles, de leurs avortements, de leurs ruines, la « tè » où bientôt il reposerait ses bras, devenus trop faibles pour l'étreindre, où il coucherait ses reins devenus trop vieux pour la féconder. Les blés remuaient doucement, froissant leurs chaumes, les avoines pâlissaient, ondulaient, pareilles à la brume légère qui monte des prairies, les trèfles qu'un reste de lumière frisante accrochait, saignaient par places, et dans la rougeur du couchant, les pommiers tordaient leurs chevelures fantastiques où montraient leurs profils grimaçants de sorcières. Une femme passa qui chassait sa vache à coups de gaule ; il entendit le piétinement d'un troupeau de moutons qui rentrait à la bergerie, puis une voix lente qui s'éloignait, chantonnant :

Fauche à la pluie, camarade,
Fane au soleil, l' foin est bon.

Et, pour la première fois de sa vie, le père Dugué pleura.

Sa femme et lui avaient, sou par sou, amassé quatre cents francs de rente, sans compter les profits de la Duguette, qui continuait d'aller en journée et qui, plus que jamais, était demandée pour les repas de noce. Avec cela on pouvait vivre, à l'abri du froid et de la faim, tranquille, heureux, sans rien mendier à personne. Pourtant, le père Dugué était loin d'être heureux. D'abord, il ne sut que faire de ses journées qui lui semblaient bien longues et bien vides. Tout « chose », tout vague, il errait du verger au jardin, sarclait de ci, bêchait de là, mais ce menu travail, qu'il réservait autrefois à ses distractions dominicales, ne suffisait pas à l'occuper pendant toute la semaine. Non « l'état d' rentier n'était pas son affaire », et jamais il ne pourrait s'y habituer. S'ingéniant à se créer des besognes qui trompassent son ennui, il fabriqua une échelle, remplaça les vieilles lisses du verger par des neuves, bâtit un hangar avec des débris de bois qu'il avait, et, quand ce fut fini, il se trouva tout penaud devant ce terrible problème : « Que faire ? » Il songea alors à élever des poules et des lapins : les poules, ça l'amuserait, il irait couper de l'herbe, tous les jours, pour les lapins, et le temps passerait. Comme c'était un brave homme, un travailleur méritant et qu'il jouissait dans le pays d'une grande réputation d'honnêteté, il eut la chance d'intéresser à son sort les maîtres du château qui l'employèrent parfois à diverses fonctions peu fatigantes, comme d'entretenir les allées, ramasser les feuilles mortes et servir de modèle à la « demoiselle » qui faisait de l'aquarelle.

Cependant, bien que, peu à peu, le père Dugué eût repris des habitudes régulières,

il s'ennuyait. Il avait la nostalgie des champs. Souvent, quand le temps était beau, il s'en allait, à travers la campagne, revoir les camarades qui fauchaient ou qui engerbaient, mais il rentrait de ses promenades, mécontent, avec un dégoût plus violent de son existence oisive, avec des pensées pénibles qui l'enfonçaient davantage dans les mélancolies et les regrets poignants du passé. Son caractère aussi s'aigrissait. Tout lui était sujet à disputes, à récriminations ; il devenait exigeant, tracassier, irritable, *mauvaise langue*. Lui qui, jadis, supportait si facilement les continuelles absences de sa femme, il lui en voulait maintenant de toujours courir dehors, l'accusait de l'abandonner, de « s'entendre avé l' z'éfants » pour le laisser mourir. Si ce n'était pas malheureux, à son âge, après avoir tant travaillé, de rester seul, du matin au soir, comme un pauvre chien galeux, d'être obligé de faire sa soupe, de ne jamais manger un bon morceau, pendant que sa femme s'amusait dans les noces ou chez les pratiques, était grassement nourrie, ne manquait de rien ! Et lorsqu'à midi, le bonhomme se retrouvait tristement devant l'éternelle terrine de grès, pleine de soupe, quelquefois de soupe froide de la veille, la pensée que la Duguette, les yeux luisants, les joues allumées, se gavait gaiement de tripes et de fricassées, le mettait en rage et il se disait : « A' s'fout d'ça ! Mais ça n'peut point durer, non ça n'peut point durer ! ». Il rêvait alors de s'en aller très loin, de « tout planter là », de recommencer, seul, une existence nouvelle de labeurs, entrevoyait la possibilité de « dirvocer ». Ah ! pourquoi s'était-il marié ? A quoi cela lui avait-il servi de prendre une femme, sinon à l'abreuver d'ennuis et de peines ? Les jours où la mère Dugué consentait à rester à la maison, il partait, dès l'aube, avec une croûte de pain en sa besace, et jusqu'à la nuit, dans la sapaie, il rôdait, sous prétexte de ramasser du bois mort.

Les années et les années passaient sur les trois événements importants de sa vie, la mort du beau-père, le départ de son fils, le mariage de sa fille, sans en effacer les souvenirs chagrinants et il continuait d'en parler avec une amertume, qui, chaque jour, grandissait. « L'marquis », de plus en plus brillant, n'avait fait que deux courtes apparitions à Freulemont. Quant à « Ma'me Béhu », elle venait, tous les dimanches, chez son père, avec « l'moustachu ». Mais à peine si le bonhomme semblait s'apercevoir de leur présence. D'ailleurs, la plupart du temps, il profitait de ces visites, qui l'importunaient, pour courir les champs, ou se livrer à quelque occupation mystérieuse, au loin. Outre qu'il gardait rancune à Fanchette d'avoir trompé ses espérances, en épousant François Béhu, il ne pouvait souffrir les nouvelles allures de belle dame qu'elle avait prises à la ville. Il haussait les épaules de la voir « attifée comme une caricature », sans bonnet, les cheveux au vent, un chignon relevé sur le haut de la tête, et des mèches qui s'ébouriffaient sur le front, pareilles aux poils des chiens de berger. Et c'étaient des manières de parler, grasseyantes et précieuses, des balancements étudiés du derrière, des singeries de bourgeoise qui lui faisaient pitié. Parfois, en l'honneur de sa fille, la Duguette préparait un bon souper, elle tuait un poulet ou bien faisait un civet avec un lapin. Le vieux alors s'emportait. Il défendait qu'on touchât à sa volaille et à ses lapins, parce que c'était à lui, rien qu'à lui, qu'il avait le mal de les soigner, qu'il voulait avoir le plaisir de les manger, tout seul, ou de les vendre au marché, si c'était son idée. Ah! ce n'était pas pour lui, bien sûr, qu'on ferait tant d'embarras! Sa femme avait-elle songé, une fois, dans sa vie, à lui fabriquer quelque chose de bon? Ah bien oui! Ce qu'il y avait de bon, c'était pour elle, et pour les autres, jamais pour lui! Il en avait assez d'être grugé par un « tas d'mangeux, d'feignants, d'vauriens ». La Fanchette et l'moustachu mangeraient de la soupe, comme lui, et si cela les dégoûtait, ils pourraient bien rester chez eux, à se régaler, il ne les en empêchait pas, au contraire : ça serait un fameux débarras. Et le père Dugué s'asseyait, bougonnant, à un coin de la table, devant sa soupe qu'il avalait avec ostentation, et qui, misérable et froide, protestait héroïquement contre la succulence du civet que les autres dévoraient en claquant de la langue. Il se couchait ensuite, menaçant de « tout flanquer dehors », table et gens, si on ne se taisait pas, et si on ne le laissait pas dormir tranquille. C'était bien le moins qu'il fût le maître dans sa maison.

On commençait, dans le pays, à jaser beaucoup sur le compte de Fanchette. Il paraît que ce n'était pas grand'chose de propre, et, en ville maintenant, elle avait une réputation détestable. Un jour, dans le bois Giroux, un autre jour, dans un champ de blé, la femme à Gendrin l'avait surprise avec des hommes, en train de faire autre chose que de la dentelle. Même chez elle, les galants venaient en procession, l'un après l'autre, des jeunes gens, des hommes mariés, jusqu'à des messieurs. Il y avait eu des scandales, plusieurs fois l'on s'était battu : une véritable honte, enfin! D'ailleurs, Fanchette ne se cachait plus, et si elle continuait de la sorte, bientôt, on la verrait, pire qu'une chienne, étaler ses saletés en pleine rue. Le père Dugué apprit tous ces détails avec une joie profonde. Pourtant il voulut douter et prétendit d'abord que c'était des histoires de « mauvaises langues », des vengeances de femmes, jalouses de Fanchette, mais quand on lui eut donné des preuves irrécusables de l'abominable conduite de sa fille, son contentement ne connut plus de bornes. Ce n'était point que Fanchette s'amusât qui le rendait si bien aise. Oh! non! car, avant tout, il tenait pour la morale, et il avait, sur l'honnêteté des femmes et sur la religion, des opinions très arrêtées, mais, puisque le mal existait, il pouvait bien se réjouir de ce qu'il tombât, aussi à propos, sur la tête de François Béhu! Il disait : « C'est ben fait pour li... Quen! pourquoi qu'il l'a épou-

sée ! » Et à la pensée que « l'moustachu »
se trouvait malheureux et ridicule, qu'il
pleurait peut-être, qu'il n'osait plus se montrer dans les rues, les petits yeux du vieux
paysan se bridaient, sous un rire cruel,
atroce, sinistre.

A partir de ce moment, ses allures s'a-
doucirent un peu vis-à-vis de sa fille qui le
vengeait de François Béhu. Il daignait plai-
santer avec elle, et il se surprit même, dans
un élan de reconnaissance, à l'embrasser
sur les deux joues, ce qui ne lui était pas arrivé depuis dix ans. Lorsque, le dimanche,
ils se trouvaient tous réunis, quoiqu'il fût
resté intraitable sur la question de la volaille et des lapins, il causait, s'animait, racontait des histoires de « cocus » cyniques,
obscènes, et son regard méchant allait sans
cesse de Fanchette toujours rieuse, à Béhu
triste et soucieux. La tristesse de son gendre qu'il n'avait remarquée que depuis qu'il
connaissait ses malheurs conjugaux, lui
était une douceur qui le payait de toutes

ses déceptions passées. Il était impitoyable en ses plaisanteries. Celle qu'il jugeait la meilleure, consistait à tâter le front du « moustachu », et à lui dire : « Quoi donc qu' t'as là, mon gars ? On dirait qu' y t'pousse queuque chose. » Et l'infortuné Béhu, pris, chaque fois, à la farce du beau-père, portait machinalement les mains à son front, rougissait, roulait des yeux doux et résignés comme ceux des bœufs, tandis que le bonhomme, se tordant de rire, répétait : « Quoi donc qui y pousse ? quoi donc qui y pousse ? » Cette gaîté intermittente ne modifia en rien son caractère qui s'affirmait de plus en plus tracassier et despotique.

Un matin, le père Dugué se réveilla avec la tête lourde et de fortes douleurs au ventre. Il se leva néanmoins, et, tout en geignant un peu, vaqua à ses occupations coutumières. Mais ses pauvres bras, mous comme des chiffes, refusaient de lui obéir, ses jambes tremblaient pareilles à des roseaux battus du vent, et puis, un grand froid l'envahissait. Bien qu'il se sentît très souffrant, il ne voulut rien changer à son régime, qui se composait d'une poire le matin, de la soupe à midi et de la soupe encore à six heures. En vain sa femme essaya de le soigner, de lui faire prendre une nourriture meilleure, il ne voulut entendre parler de rien. Au mot de « médecin », il entra dans une colère terrible. Cependant le mal empirait, les douleurs de ventre devenaient plus violentes, intolérables, sa respiration oppressée faisait un bruit de vieux soufflet percé, sa tête lui était si pesante sur les épaules qu'il ne pouvait plus la porter droite, et qu'il lui semblait que ce poids entraînait tout son corps dans un vertige. Il s'alita.

* * *

Dans le lit, très haut, drapé d'indienne sombre, le père Dugué, couché sur le dos, la bouche grand'ouverte, ne remuait pas. A peine si la pâleur de la mort prochaine teignait son visage bruni d'une lividité douteuse. Les deux bras, hors des couvertures, s'allongeaient, inertes, sur les draps de lin gris, et ses mains énormes, aux doigts noueux, presque noirs, ressemblaient aux racines d'un arbre arraché du sol par la tempête. Rien ne vivait en lui que ses yeux, ses petits yeux qui laissaient filtrer, entre les paupières serrées, la flamme mourante d'un regard dur et colère, comme filtre entre les lames d'une persienne un reste de jour qui agonise. Quoiqu'il ne bougeât plus et qu'il ne répondît point aux questions qu'on lui adressait, le moribond se rendait compte, très nettement, de ce qui se passait autour de lui. Il avait vu le curé s'approcher de lui, tout à l'heure, il l'avait entendu chuchoter des prières, parler de Dieu, et l'exhorter à bien mourir ; il voyait, par la porte ouverte, le dernier soir tomber sur la campagne en grandes averses d'or et de pourpre, les oiseaux se poursuivre sur les branches du hêtre, et saluer, de leurs roulades sonores, le *de profundis* du soleil qu'il ne contemplerait plus ; il voyait les voisines s'arrêter sur le seuil, tendre le cou, marmotter quelques paroles d'une voix basse, et s'en aller, traînant leurs sabots dans le chemin, mais tout cela ne l'intéressait pas. Isidore, en veston quadrillé, le chapeau sur la tête, épluchait les champignons qu'il avait cueillis dans le bois; Fanchette, les cheveux plus éhouriffés que jamais, tricotait, indolente, une capeline de laine noire, et la Duguette, très affairée, les manches de sa robe relevées jusqu'au coude, troussait magistralement un poulet, pour le repas du soir. Il ne perdait aucun des gestes de sa femme et son regard — le regard suprême que les mourants s'efforcent d'arracher à la terre pour le plonger au vide des éternités mystérieuses qui s'ouvrent devant eux — son regard allait de sa femme au poulet. Et voilà ce qui l'absorbait sont entier à cette heure auguste et terrible ! Le poulet ! Le poulet qui synthétisait les rancunes de sa vie avare et sans bonté, les amertumes de sa vieillesse égoïste et délaissée ! Aucun souvenir heureux du passé ; aucune terreur de l'avenir dans lequel il entrait. Ni une émotion, ni une larme, ni un repentir, ni ce besoin qu'ont les plus farouches de sentir dans leur main qui se glace, la douce chaleur d'une main aimée, et le souffle consolateur d'une lèvre chérie sur leurs lèvres qui se referment à jamais. Il n'eut même pas une pensée pour la terre « la tè » qu'il avait quittée et qu'il allait retrouver, « la tè » qui avait été la seule affection de sa vie et qui pouvait être le pardon de sa mort. Ne lui avait-il pas dit adieu, un soir, dans le jardin ? Et cet adieu le séparait pour toujours de ce que son âme avait contenu de bon, de grand, d'humain... On dit que les anges viennent, les ailes éployées, au chevet des moribonds recueillir leur dernière prière pour l'emporter aux cieux. Son ange à lui c'était le poulet, le poulet vorace et barbare qui lui crevait les yeux, lui mangeait le cœur, lui rongeait le foie !... Il essaya de rassembler ce qui lui restait de forces, afin de pousser un cri de colère, mais le cri avorta dans une plainte si faible qu'à peine on l'entendit.

— Donne donc eune cuillerée de potion à ton pè, dit la mère Dugué à Fanchette, attendiment que j'vas mett' l'poulet à la broche.

Fanchette tenta vainement d'introduire la cuiller entre les dents serrées du père Dugué, et le liquide se répandit, coula de chaque côté de la bouche, jusque dans le cou et sur la poitrine. Elle l'essuya doucement avec le coin du drap, et ensuite elle regarda son père. L'œil du vieillard qui se fixait sur elle était, en ce moment, si hideux et si effrayant qu'elle s'enfuit aussitôt, secouée d'un frisson.

La nuit arrivait. Par la porte toujours ouverte, on n'apercevait plus, au-dessus des masses sombres des arbres, qu'un pan de ciel limpide ou déjà s'allumaient les étoiles. En rentrant chez eux, les gens s'arrêtaient devant la maison, demandaient des nouvelles, et dans le chemin passaient des profils vagues d'hommes et de bêtes. La chambre n'était éclairée que par la flamme de la cheminée qui faisait danser aux murs et au plafond de grandes ombres fantastiques, projetait sur le lit une clarté rouge et mouvante. A plusieurs reprises, un chien jaune vint, en rampant, flairer le poulet et la Duguette fut obligée de le chasser à coups de torchon.

L'agonie commença. D'abord, ce fut un petit râle, un ronflement doux et profond comme un ronron de chat, puis, pareil à un soufflet de forges, le bruit s'enfla, coupé de sifflements et de hoquets. Le père Dugué, allongé dans la même position, demeurait immobile ; seule, ses grosses mains, remuaient, se tordaient, grattaient la toile, avec des mouvements crispés. Une sueur glacée ruisselait sur son visage qui se contractait et prenait des tons terreux de cadavre. Isidore et Fanchette se tenaient près du lit, et la mère Dugué allait sans cesse du chevet du mourant au poulet qu'elle arrosait du beurre grésillant de la lèchefrite. Bientôt les râles s'affaiblirent, cessèrent, les mains reprirent leur immobilité. C'était fini. Le père Dugué n'avait pas bougé, et son œil qui ne voyait plus et qui conservait dans la mort son regard méchant et cruel, était fixé, démesurément agrandi, sur le poulet qui tournait au chant de la broche et se dorait au feu clair.

— Il est mô! dit la mère Dugué, après avoir posé la main sur la poitrine de son mari... Fanchette, passe-mé l'miroir, que j'y mette tout d'mème sous l'nez.

La glace ne se ternit pas.

— Il est ben mô, répéta la mère Dugué.

Isidore et Fanchette se penchèrent un peu sur le cadavre de leur père et soulevèrent, l'un après l'autre, ses bras qui retombèrent lourdement.

— Oui, dirent-ils, il est bien mort.

Tous les trois, très embarrassés, ils restèrent, pendant quelques minutes, silencieux.

— J' créiais pas qu'y passerait si vite, reprit la mère Dugué, hochant la tête. Enfin, y n'était point c'mode, ben sûr, l'pè Dugué, mais ça fait tout d'même du chagrin.

Et montrant le cadavre, elle ajouta d'un ton presque respectueux :

— J'souperons dans la pièce à couté.

UN POÈTE LOCAL

A M. J.-K. Huysmans.

UN POÈTE LOCAL

———

L'homme qui entra était un grand diable, maigre, terreux et très voûté. Ses vêtements usés, rapiécés semblaient ne pas lui tenir au corps, tellement ils étaient minables. Il avait un bâton d'épine à la main, et portait sur son dos une sorte de carnassière, dans laquelle je distinguai, à travers le filet à grosses mailles, des registres, des imprimés d'administration, un encrier et un morceau de pain. L'homme me salua à plusieurs reprises et me tendit une lettre. Voici ce que disait cette lettre :

« Monsieur et honoré confrère,

« Je vous prie d'accueillir favorablement M. Hippolyte Dougère qui vous remettra ce mot. C'est un jeune homme du plus brillant avenir et du plus beau talent. M. Dougère a composé plusieurs tragédies qui sont admirables — ni classiques, ni romantiques, ni naturalistes, — mais admirables.

« J'espère, monsieur et honoré confrère, que vous voudrez bien aider notre jeune poète à sortir de l'ombre, et à utiliser pour lui vos précieuses relations dans le monde du théâtre. Excusez mon indiscrétion, mais c'est l'amour des lettres — je dis des belles-lettres — qui me met la plume à la main.

« Agréez, etc.

« JULES RENAUDOT,
« Membre de la *Pomme*,
percepteur à X... »

P.-S. — « Je connais tout particulièrement M. Monselet et quelques-uns de ces messieurs. »

Quand j'eus achevé la lecture de la lettre de M. Renaudot, membre de la *Pomme*, percepteur à X..., l'homme me salua de nouveau et me dit, non sans quelque fierté :

— C'est moi, Hippolyte Dougère.

— Enchanté, monsieur. Puis-je vous être bon à quelque chose ?

— A tout, monsieur.

Je le priai de s'asseoir. Hippolyte Dougère salua encore ; il déposa sa carnassière et son bâton sur le plancher, entre ses jambes, puis, passant la main dans ses cheveux :

— Monsieur, dit-il, voici l'affaire... Je suis commis à cheval...

— Pardon ! je croyais que vous étiez poète ?

— Certainement, je suis poète ; mais je suis aussi commis à cheval... Trouveriez-vous par hasard que ces deux qualités sont incompatibles ?

— Nullement, monsieur... au contraire.

Il poursuivit :

— Je suis commis à cheval… C'est-à-dire que j'en ai le titre et que je n'en ai pas le cheval… Commis à cheval, sans cheval… Dérision, n'est-ce pas ! ironie, antithèse ! car…

> Notre cheval à nous, seigneur, ce sont nos jambes.

Et d'un geste de pitié, le poète me montra ses longues jambes étiques que terminaient des souliers lamentables, hideusement éculés.

— Mais il ne s'agit pas de cela, reprit Hippolyte Dougère… Si je vous dévoile ma profession, — bâillon, carcan, boulet — ne croyez pas que je m'en vante… Oh ! non ! C'est uniquement pour vous dire : « Vous avez devant vous un commis à cheval, un rat de cave à cheval… »

Il prononça ce mot, en ricanant amèrement, comme s'il voulait résumer toutes ses protestations contre l'injustice des répartitions sociales.

— Vous avez devant vous un rat de cave à cheval, continua-t-il... Vous comprenez ce que cela signifie... C'est-à-dire un être faible, obscur, pauvre... Regardez-moi... Or, aujourd'hui, pour arriver, il faut être fort, connu, riche... Il faut surtout ne pas être rat de cave... Est-ce vrai !... Que voulez-vous qu'on pense de quelqu'un qui arpente, tous les jours, la campagne, des registres sur le dos, comme un fou... de quelqu'un qui compte des bouteilles de vin, des litres de trois-six dans les caves des cabarets... qui sonde les fûts, espionne les foudres, tape familièrement sur le ventre des barriques... oui, des barriques !... de quelqu'un qui sème partout les amendes et les procès-verbaux ? Pensera-t-on jamais qu'un tel misérable puisse écrire des tragédies ?... Je vous le demande... non ?... Eh bien ! j'en écris...

Hippolyte Dougère promena autour de lui un regard de défi.

— J'en écris, répéta-t-il d'une voix

retentissante... Oui, monsieur, j'ai cette audace... Tragédies historiques, drames sociaux... la patrie, l'humanité, l'indépendance, la revanche de l'individu contre l'étouffement de la société... voilà ce que j'écris !... tout cela, en vers, en vers libres.

— Et il y a longtemps, demandai-je, que vous écrivez des tragédies... en vers ?

— Longtemps ?... Depuis huit ans... Depuis que je suis marié... Alors, j'étais à Caen, employé à la direction... employé !... Savez-vous ce que c'est que d'être employé !... J'allais souvent dans un petit café-concert... J'y tombai amoureux d'une chanteuse comique... Elle était sage, cette chanteuse comique, — du moins, je le crois — et je l'épousai... Voyez ce que c'est !... si j'avais été riche, comte, ou seulement coiffeur, cabotin, journaliste, je ne l'aurais pas épousée ; je l'aurais payée, ou elle m'eût payé, et j'en eusse fait ma maîtresse... Mais simple employé, c'est autre chose... Le mariage ou

rien... Quelle situation de troisième acte!...
J'obligeai ma femme à abandonner son art,
parce qu'on n'eût pas toléré, dans l'administration, que la femme d'un futur rat de
cave, fût chanteuse comique... Etait-ce
mon droit?... Ne devais-je pas plutôt me
sacrifier?... Enfin je l'obligeai... Elle me
chantait son répertoire... Oui, le soir, elle
s'habillait avec ses anciens costumes... elle
se mettait du blanc, du rouge, du noir... une
fleur dans les cheveux... et elle chantait...
dans notre petite chambre... pour moi!...
pour moi tout seul... Que cela était triste!...
Un jour, elle désira que je lui fisse une chanson... Son répertoire l'ennuyait... elle soupirait après une création... Ah! c'était une
artiste!... Je me mis à la besogne... Je
n'avais jamais fait de vers, jamais je n'avais
aligné que des chiffres... Eh bien! au bout
de quinze jours, j'avais composé, non pas
une chanson... non... pas une chanson...
mais une tragédie!... Emporté par l'inspiration, d'une simple chanson, monsieur, j'étais

arrivé à une tragédie!... Sous ma plume, le vers léger des gaudrioles se transformait en vers tragique... Là où j'avais voulu mettre des assonances cabriolantes, se dressaient les rimes au grand masque terrible!... Croyez-vous aux vocations?... au coup de foudre des vocations?... Moi, j'y crois...

Hippolyte Dougère respira un peu et ramena en arrière des mèches de cheveux qui pendaient sur son front. Il poursuivit :

— Depuis le moment où je m'étais révélé poète tragique... moi simple employé, moi, futur commis à cheval... depuis ce moment, j'avais un devoir, le devoir de continuer... Je continuai... *Etienne Marcel*, *Louis XIV*, *Napoléon*, *Gambetta*... j'écrivis huit tragédies... huit! Et ce n'est pas fini... Je les envoyai en bloc au Théâtre-Français, à l'Odéon, à l'Eden, au théâtre de Montmartre... partout enfin où il est reconnu que l'on représente des œuvres sévères, historiques... Je les envoyai avec les recom-

mandations de mon ami, M. Renaudot...
Une fois même, je crus devoir ajouter à ce
patronage une requête des plus hauts imposés de la commune... Croiriez-vous qu'on
me les a renvoyées, sans les lire !... le croiriez-vous ?... Sans les lire !... Et pourquoi ?... Parce que je suis rat de cave?...
Sans doute... mais il y a une autre raison...
Monsieur, je touche au point délicat...
écoutez-moi... Je ne suis pas de l'école de
Belot, et ma muse ne se promène pas sur
des éléphants, des zèbres, des hippopotames, des girafes, à travers des décors
abyssiniens ; je ne suis pas non plus de
l'école de Zola... des cochonneries, fi
donc !... Et cet Augier, dont on parle tant,
qu'est-ce que c'est, je vous prie ? Un bourgeois... Et ce Coppée ?... le connaissez-vous
ce Coppée qui s'en va rossignoler des romances au pied des statues hongroises !...
et ce Delair ?... si cela ne fait pas pitié !...
Il n'y a donc pas assez de théâtres pour lui
en France ! il faut qu'il déborde sur la Bel-

gique !... Quant à Victor Hugo, vous m'accorderez bien que ce ne sont que des mots... des mots qui ronflent... Moi aussi je ronfle, quand je dors, hé, hé... Mes tragédies, c'est autre chose... je remue les foules... Or, peut-on comprendre cela, un rat de cave à cheval qui remue les foules ?... Voilà la raison, monsieur... Effrayant dilemne, car enfin ou je dois continuer à remuer les foules, et il ne faut plus que je sois rat de cave ; ou je dois continuer à être rat de cave, et il ne faut plus que je remue les foules... Concluez !... Tenez, je vous apporte un fragment de ma dernière tragédie : *Le Masque de la Mort Rouge...*

— Vous avez sans doute pris le sujet dans le conte d'Edgar Poë ?

— Je n'en sais rien... J'ai vu cela quelque part... vous le lirez... et vous conclurez... Ah ! monsieur, je voudrais que vous me comprissiez... Certes je suis connu dans ce pays, je puis même affirmer que je n'y manque pas de célébrité... Le journal de

l'arrondissement écrit en parlant de moi :
« Notre éminent compatriote, le poète Hyppolyte Dougère... » Et puis après ? qu'est-ce que cela me fait ! Je ne suis toujours qu'un poète local, je n'ai qu'une réputation de clocher ! Etre acclamé par ses parents, admiré par ses amis, porté en triomphe par des gens avec qui l'on vit, que l'on tutoie... que l'on coudoie à toutes les heures de la journée... la belle affaire !... Est-ce vraiment de la célébrité ?... Non !... ce qu'il faut, c'est l'admiration inconnue ; c'est se dire : A Moscou, à Calcutta, au Japon, à Lons-le-Saulnier, dans le Soudan, à Paris, il y a des gens que tu ne connais pas, dont tu ignores le nom, le sexe, le langage et la race, qui ne sont pas habillés comme toi, qui peut-être portent des dieux peints sur les fesses, adorent des lapins blancs et mangent de la chair humaine, des gens que tu ne verras jamais, dont tu n'entendras jamais parler... jamais, jamais... et qui t'applaudissent, et qui crient : « Vive le

grand poète Hippolyte Dougère »!... Voilà la célébrité, la vraie, la seule... Mais comment faire?... Voyons, monsieur, vous écrivez dans les journaux, par conséquent, vous êtes une force, vous avez de l'influence auprès des directeurs, des acteurs, vous connaissez Coquelin... Que me faut-il de plus?... Vous n'avez qu'un mot à dire, et toutes les portes me sont ouvertes... Mais lisez le *Masque de la Mort Rouge*... Vous verrez quel souffle, quelle ampleur, quelle portée sociale... Je reviendrai... Il ne se peut pas que vous laissiez agoniser le théâtre avec ce Victorien Sardou, ce... comment l'appelez-vous?... Paillon, Pailleron..., ce Jean Aicard... Oh! je les connais!... Je reviendrai... Et s'il faut donner ma démission, affronter la lutte... comptez sur moi... Je reviendrai... au revoir, monsieur, je reviendrai.

Hippolyte Dougère se leva. Il reprit son bâton et sa carnassière.

Je vis quelque temps, sur la route, son

grand corps, maigre et voûté, qui se balançait tristement sur des pattes de faucheux.

VEUVE

A M. Paul Bourget.

VEUVE

Je me préparais à sonner au presbytère, quand la porte s'ouvrit. Je dus m'effacer pour livrer passage à une femme en deuil qui sortait. Elle me parut très pâle sous son voile de crêpe anglais, mais il me fut impossible de distinguer ses traits. D'ailleurs, elle passa rapidement, reconduite par le curé jusqu'à la voiture — une vieille calèche de campagne attelée d'un gros percheron — qui stationnait à la porte.

— Ainsi, monsieur le curé, c'est bien entendu comme cela? Voyons, nous n'avons rien oublié?

— Je ne crois pas, madame la marquise.

— Faudra-t-il vous envoyer quelqu'un de la ferme pour vous aider, monsieur le curé?

— Merci, merci, madame la marquise... Gadaud, mon sacristain, est habitué... Je l'emmènerai.

— Eh bien! au revoir, monsieur le curé.

— Je vous présente mes respects, madame la marquise.

Le curé referma la portière, et la voiture partit, dans un bruit de ferrailles, vénérable et disloquée.

— Quelle bonne dame! me dit le vieux curé, comme nous entrions au presbytère. Si celle-là ne va pas tout droit en paradis, c'est que personne n'ira.

— Qui est-ce donc? demandai-je. Il me semble que cette figure ne m'est pas inconnue.

— C'est Mme la marquise de Perseigne.

— Comment, la marquise de Perseigne? la célèbre et belle marquise de Perseigne?

— Oui. Depuis son malheur, elle habite, pas loin d'ici, une espèce de ferme qui lui appartient de sa mère, et qu'elle n'a même pas pris la peine d'aménager en maison bourgeoise. Et elle vit là, toute seule, ne s'occupant que de charités... Justement elle venait aujourd'hui régler avec moi les dispositions de la semaine. Ah ! avec Mme la marquise, je vous affirme que la cure de Saint-Sulpice n'est pas une... sinécure, conclut le curé qui de temps en temps aimait à rire. Et dites-moi, mon jeune ami, que faisons-nous en politique ?...

***

Cela n'étonna personne à Paris, quand la nouvelle du mariage de Jacques, marquis de Perseigne, et de la comtesse Marcelle de Savoise, née des Radrays, fut officiellement connue. Il n'était que temps. Dans les salons où l'on jase, on commençait à trouver que l'affaire durait, durait...

Même, il s'en était fallu de peu — de la largeur d'une langue de femme — que l'on ne causât sérieusement, et que la malveillance ne quittât le domaine de l'allusion timide, pour entrer dans celui de la brutale affirmation. « Ah! c'est un vrai soulagement! », avait dit M™ de Grandcœur, à qui on ne donnait pour le moment que quatre amants : un banquier israélite, un général de cavalerie, un sportsman et un comédien sans compter le mari, lequel, encore que sénateur, ne passait point pour la cinquième roue de ce carrosse si bien attelé. Du reste, de toutes parts, on approuva et on applaudit. Nom, fortune, jeunesse, beauté, tout en cette union paraissait le mieux du monde assorti. L'amour lui-même la parfumait; l'amour, cette fleur douloureuse, qui souvent n'éclôt que dans les larmes, l'amour, cette fleur rare, qui, si rarement, fleurit au front des nouveaux époux.

Le mariage fut célébré à Sainte-Clotilde en grandissime pompe. Il y eut orgie de fleurs et de cierges, toilettes folles, chants d'orgue délicieusement énervants, et Sa Grandeur Mgr de Parabère, le plus jeune et le plus joli prélat de France, prononça, au milieu de l'assistance pâmée, une allocution qui fut jugée divine, et que trois reporters, qui ne l'avaient point entendue, prétendirent être tout animée du souffle le plus chrétien et de la *mondanité* la plus exquise. Entre des énumérations de noms mal orthographiés ou de pure fantaisie, ces mêmes reporters remarquèrent aussi que le marquis de Perseigne et la comtesse de Savoise avaient la gravité émue et la solennité inquiète qui conviennent aux grands bonheurs. Donc, rien ne manqua et ce fut charmant. Et les dernières lumières de l'église éteintes, et le lunch terminé, et les nouveaux mariés enfuis, on pensa à d'autres choses, c'est-à-dire qu'on ne pensa plus à rien, ce qui est, à Paris, et dans ce milieu, la façon de penser la plus communément répandue.

Marcelle des Radrays avait, à dix-huit ans, épousé le comte de Savoise, l'unique héritier du nom célèbre et de la belle terre de Savoise en Normandie. Très joli homme, mince et blond, de manières correctes et parfaitement élégantes, d'une ignorance aussi complète que possible et d'une insignifiance d'esprit qui lui faisait accepter, sans réflexion et sans révolte, les modes du jour, les idées reçues du moment et, en général, toutes les opinions *bien portées*, le comte de Savoise était ce qu'on appelle, dans les milieux spéciaux du *chic,* un gentleman accompli. Il *montait* en perfection ; aucun n'était plus habile que lui à mener un drag et à courre un cerf, et, dans les réunions sportives où il se prodiguait, lui, ses voitures et ses chevaux, on ne cessait d'admirer l'harmonie délicate de ses pantalons, la suavité de ses boutonnières fleuries. On le citait en toutes occasions. Il s'en montrait très fier, et sa femme l'adora.

En cet amour, Marcelle avait apporté,

sans compter, tous les trésors de bonté passive et de vertu soumise qui étaient en elle. Elle ne voyait que son mari, n'entendait que lui, n'était heureuse que par lui, et, bien qu'elle fût très belle et, partant, très courtisée, elle passait, au milieu des hommages du monde, indifférente à ce qui n'était pas son mari, sourde à ce qui ne venait pas de lui, sans retourner la tête, une seule fois, aux désirs qui suivaient la traîne de ses robes et toujours voletaient autour d'elle. Ce qui faisait dire aux femmes, avec des moues de léger dédain, que « la petite » manquait d'esprit, comme si la bonté et la vertu n'étaient pas le véritable esprit de la femme. Marcelle eut ainsi trois années d'un bonheur que pas un nuage ne vint, un seul instant, assombrir.

Un jour, à la chasse, le comte de Savoise, sautant un mur, tomba de cheval si malheureusement qu'on le ramena au château, le visage sanglant, le crâne fendu, se mourant. Il succomba dans la nuit. De ce coup terrible et si imprévu, on crut que Marcelle deviendrait folle. Elle ne pouvait arracher ses yeux à la vision horrible de ce cher cadavre. Hagarde, elle suppliait qu'on l'ensevelît avec lui. Pendant plusieurs jours, en proie à des attaques de nerfs, elle emplissait le château de ses cris de douleur. Cette première crise apaisée, la pauvre femme s'abîma en une prostration qui avait tout l'effrayant et tout l'inquiétant de la mort. Elle demeurait, des journées et des nuits entières, couchée sur sa chaise-longue, la tête vide, les yeux fixes, la bouche ouverte, les lèvres froides et raîdies, immobile ainsi qu'une statue de cire, Refusant les soins de sa femme de chambre, ne prenant aucune nourriture, ne parlant pas, ne dormant jamais, Marcelle, dans le néant de sa vie semblait attendre le néant de la mort. Elle ne mourut point, pourtant. Peu à peu, et sans efforts, le passé qu'elle se prit à revivre, les souvenirs qu'elle se prit à rappeler, un par un, lui coulèrent dans l'âme quelque chose de la douceur indécise et triste d'un rêve. Et, comme il ne se mêlait à ses souvenirs que des images riantes, des résurrections de joies tranquilles et sans remords, au bout d'une année, la douleur s'endormit, en quelque sorte bercée par sa tendresse même.

Ce fut vers cette époque que Jacques de Perseigne, au retour d'un long voyage à travers le monde, s'en vint passer tout un été chez sa mère, à Perseigne. Perseigne n'était éloigné de Savoise que d'une lieue. De même que les deux domaines se touchaient, se confondaient presque, de même une étroite intimité unissait les deux familles qui, durant les mois de villégiature, avaient accoutumé de se voir, à peu près chaque soir. La marquise, surtout après le malheur de Marcelle, avait redoublé de dévouement, et cette affection vigilante, mêlée de tendresses et de bourrades, ces caresses endormeuses qu'ont les vieilles gens, avaient été pour beaucoup dans l'apaisement des souffrances de la triste veuve. Aussi, en ce grand château, maintenant si abandonné, Marcelle se trouvait-elle presque heureuse, entre la marquise de Perseigne, qui essayait de ramener le sourire à ses lèvres pâlies, et Jacques, qui la regardait de ses yeux doux et profonds, l'intéressait en lui contant ses aventures et ses travaux.

Jacques avait-il aimé la comtesse de Savoise ? On le disait, mais on n'en savait rien. Il est vrai que son brusque et si long voyage ressemblait bien à un exil, et l'on pouvait croire qu'il ne l'avait entrepris que pour se guérir d'un amour impossible. Il s'expliquait aussi par le caractère naturellement mélancolique de ce très particulier jeune homme, et le dégoût qu'il avait sans cesse manifesté pour l'existence servile qui va des amitiés menteuses des clubs aux vaines amours des salons. Un poète de ses amis avait dit de Jacques : « Il y a en lui du lion, du fakir et de la sensitive. » Du lion, il avait les colères superbes ; du fakir, les contemplations entêtées, de la sensitive, les exaltations, les découragements et les larmes.

Il détestait le monde parce qu'il n'y trouvait rien de ce qu'il cherchait dans la vie : des idées, des croyances, des dévoûments. Et il n'y rencontrait que des bavardages odieux, des préjugés, des rancunes, des abdications morales, des comédies d'alcôve, et des drames d'écurie, tout un scepticisme pourrissant, mal dissimulé sous l'hypocrisie des protestations timides et des lâches révoltes. Ces races épuisées, à qui, au [milieu de l'effarement du siècle, il ne restait que la conception du plaisir, et qui, sans remords, sans luttes, assistaient à l'agonie définitive de leur histoire, n'étaient plus, pour lui, que les courtisans avilis du Millon cosmopolite, les pèlerins apostats de ces temples nouveaux, aux sommets desquels, brille, non pas la Croix de rédemption, mais le Chiffre d'or. Et c'était avec un déchirement de son âme tourmentée par le beau, qu'il voyait cette société, dégringolant dans l'abîme au bruit des orchestres et des fêtes, emportée par un vertige d'imbécilité et de folie.

Marcelle, écoutant cette voix chaude et vibrante, tantôt enflée comme un tonnerre, tantôt caressante comme un chant d'oiseau, se trouvait profondément troublée et remuée dans tout son être. Un monde de sensations et d'idées nouvelles se leva du fond de son cœur, se dressa devant son esprit. Et un beau soir, elle découvrit, sans un scupule, sans une pensée pour le mort qu'elle avait tant pleuré, — elle découvrit avec une joie délicieuse, qu'elle aimait. Comme elle avait aimé Savoise, ce jeune homme futile et banal, elle aima Perseigne, ce jeune homme grave et mystérieux, et, par cette prodigieuse et inconsciente intelligence des situations qu'ont les femmes, son amour, qui n'avait point dépassé le pauvre idéal de Savoise, monta d'un coup d'ailes jusqu'à la hauteur de cet esprit rare, de cette âme d'élite qui était Jacques de Perseigne.

La belle saison finie, Marcelle rentrait à Paris. Quelques mois après, ainsi qu'on l'a vu, elle se mariait.

⁂

C'est le soir dans leur hôtel de la rue Barbet de Jouy. Ils sont seuls, tous les deux, oh ! bien seuls ! Marcelle, assise derrière un paravent à fleurettes pâles, le bras accoudé à la liseuse, lit un livre, distraitement. Ses paupières sont un peu rougies et gonflées. Est-ce la fatigue ? On dirait qu'elle a pleuré. Jacques renversé dans un fauteuil, les mains pendantes, une cigarette éteinte entre les doigts, semble suivre, d'un œil accablé, les dessins qui courent sur les poutrelles dorées du plafond, et le reflet rose et vert des lampes qui, de place en place, se joue sur les tentures et éclaire des coins de choses étranges, noyées d'ombre.

Un an à peine a passé depuis leur mariage. Et ils ne se disent rien, comme s'ils craignaient de réveiller des tristesses endormies ; et ils ne se regardent pas, comme s'ils avaient peur d'apercevoir au fond de leurs regards des pensées de douleur, montant sur un flux de larmes. Et l'on n'entend rien, dans ce grand salon, que le froissement des feuillets du livre que Marcelle retourne toutes les cinq minutes, et les heures qui, jadis furent si brèves et qui maintenant sonnent si longues, entre des éternités de silence.

Pourtant ces deux êtres qui sont, là, tristes et mornes, ainsi que les ménages coupables ou ceux que la lassitude est venue séparer de chair, comme elle les a déjà séparés d'âme, ces deux êtres s'adorent. Jeunes, bons, ardents, Dieu les avait créés pour la joie de vivre et pour les célestes ivresses des passions bénies. Il n'était pas possible qu'une seule année eût vidé leur cœur de tout l'amour qu'ils y avaient entassé.

Non, ils s'adorent comme au premier

jour, plus qu'au premier jour même, et pourtant ils comprennent que leur bonheur est à jamais perdu, et qu'elles sont défuntes à jamais, les espérances promises d'un avenir si beau. Jacques est jaloux, non d'un homme vivant, mais d'un mort, et, dès le lendemain de son mariage, une image s'est dressée entre sa femme et lui, une image implacable et maudite, l'image du premier mari.

Quand cette vision, subitement, se présenta à lui, il éprouva au cœur une serrée douloureuse, puis comme un étranglement dans la gorge. Il crut qu'il allait défaillir. Ainsi cette femme, sa femme à lui, Marcelle enfin, n'était pas tout à lui. Un autre l'avait possédée, et c'était cet autre qui avait éveillé la femme dans la jeune fille et bu, à s'en griser, les prémisses délicieuses du plaisir ignorant et révélé ! Ce qu'elle lui avait dit, lèvres à lèvres, elle l'avait dit à un autre. Ces baisers, ces étreintes, ces abandons, cette impudeur superbe de la femme qui se donne, tout ce par quoi il venait d'être affolé ? Une habitude, une continuation. Ainsi elle sortait des bras d'un homme, souillée; et retombait dans les bras d'un autre homme, prostituée, sans une hésitation, sans un remords, sans une révolte, pareille à la femme de l'Ecriture qui essuya ses lèvres et dit : « Je n'ai pas mangé. » Et c'était maintenant seulement qu'il pensait à cela, à cela, l'irréparable ! Il essaya de raisonner. Marcelle l'aimait; que craignait-il ? Marcelle l'aimait. Ah ! l'autre était enterré dans le cœur de Marcelle plus profondément encore que dans le caveau de la chapelle de Savoise. Marcelle l'aimait, Marcelle l'aimait... Et il se répétait ces mots, à haute voix, comme si la vertu de leur charme dût éloigner les fantômes qui lui enfonçaient dans la chair leurs serres griffantes... Mais ce fut en vain qu'il fit appel à la raison. La jalousie l'avait mordu au cœur et le poison coulait, coulait à plein, en ses veines.

A partir de cette heure détestée, Jacques avait compris que sa vie était désormais brisée. Cependant, il se promit bien de cacher le trouble de son âme à la pauvre femme qui n'était point, elle, coupable de cette folie de délicatesse. Hélas! cache-t-on quelque chose au cœur des femmes aimantes? Marcelle ne fut pas longtemps à deviner la cause du mal qui rongeait Jacques et mettait autour de ses yeux brillants de fièvre, ce cerne bleu des gens qui vont mourir. Elle en demeura cruellement atteinte. Mais elle espéra aussi qu'à force de tendresses, de soumissions et de dévouements, elle parviendrait à panser les blessures de cette âme et à ramener le calme dans cet esprit torturé.

— Je suis un vilain égoïste, ma chère Marcelle, disait Jacques, et je vous prive de toutes les distractions. Retournons dans le monde, voulez-vous ?

Marcelle voulait ce que voulait son mari. Tous deux d'ailleurs, comptaient que le bruit du monde, le brouhaha de la vie de plaisirs, les occupations multiples, incessantes, auxquelles cette existence vous astreint, l'étourdiraient, le distrairaient de cette pensée unique, et finiraient par chasser l'image implacable. Mais, là, l'image grandissait, liée plus étroitement encore à celle de Marcelle. Sa femme, n'était-elle pas ainsi, jadis, avec Savoise, qui l'entraînait à toutes les fêtes ? Et il la revoyait à son bras, parée du même sourire et du même bonheur. Et puis ces yeux qui la dévisageaient, la fouillaient, la déshabillaient, ces hommages du monde au fond desquels s'allument les désirs adultères et qui laissent tomber tant d'ordure autour de la femme qu'on admire, tout cela exaltait, exaspérait sa folie au point que, bien souvent, des ivresses homicides flambèrent dans son cerveau.

Son existence devint intolérable, martyrisée par le supplice qui le dévorait, le tenaillait, et lui faisait des nuits d'insomnies, pleines d'épouvantes. Chaque être, chaque chose, chaque manifestation de la vie, lui étaient une douleur. Il associait à tout l'idée de sa femme et de Savoise. Il ne pouvait passer devant un théâtre, un restaurant, un magasin, qu'il ne reçût aussitôt au cœur un coup affreux, car il se disait que Marcelle s'était certainement montrée là, avec l'autre, et il retrouvait leurs attitudes, leurs gestes, et il entendait ce qu'ils s'étaient murmuré.

Son égarement devint tel qu'il rechercha les occasions de savoir, prit des détours ingénieux pour interroger, et il connut d'effroyables jouissances à retrouver les baisers de l'autre, dans ses baisers, à elle, son odeur à elle, dans son odeur à lui. L'autre! l'autre! l'autre emplissait le bruit, le silence, la minute brève, l'heure lente, de son obsédante image. Pas un coin si lointain, si bien caché où l'autre ne fût toujours visible et toujours triomphant. Jacques rêvait de s'en aller dans des pays inconnus, ou bien de se retirer, au fond d'une campagne, perdue en un petit village de paysans, où il aurait bêché la terre.

Et c'est pourquoi, dans le grand salon de

l'hôtel de la rue Barbet-de-Jouy, ils ne se disaient rien, pourquoi ils ne se regardaient pas, pourquoi les heures sonnaient si longues, entre des éternités de silence.

*
* *

Marcelle referma son livre, se leva lentement et s'approcha de Jacques, qui n'avait point bougé et semblait sommeiller.

— Jacques, dit-elle, d'une voix tendre.

Il se souleva à demi, prit les mains de sa femme qu'il baisa et l'attira tout près, tout près de lui.

— Pauvre chère femme ! murmura-t-il. Pardon, pardon.

Marcelle lui ferma la bouche d'un baiser. Elle se pelotonna, se fit toute petite, et laissant tomber sa tête sur l'épaule de son mari, elle soupira :

— Je t'aime !

Elle lui passa les bras autour du cou et le serra dans une douce et passionnée étreinte.

— Je t'aime, répéta-t-elle.

Mais Jacques essaya de se dégager. Subitement ses yeux avaient pris une expression hagarde, sa voix tremblait :

— Laissez-moi, laissez-moi. Par pitié ! laissez-moi !

Et Marcelle, l'enlaçant plus fort, la bouche tout près de ses lèvres, répéta encore :

— Je t'aime.

— Mais laissez-moi donc ! cria-t-il. Vous voyez bien que vous me faites du mal... Ah ! va-t-en, va-t-en.

La jeune femme, agenouillée maintenant aux pieds de son mari, disait toujours :

— Je t'aime.

Alors, Jacques, éperdu, poussa un cri sauvage. Et crachant au visage de Marcelle, il la souffleta.

Pas un pli de ce beau visage n'avait remué

sous l'insulte. Les yeux seulement s'humectèrent de larmes ; la voix se fit plus douce encore et plus câline. Elle prit les mains qui l'avaient frappée, et les baisa ; elle mit sa bouche sur la bouche qui lui avait vomi l'outrage, et la baisa. Puis elle dit :

— Ecoute-moi, mon Jacques adoré. Si pour ton repos, si pour ton bonheur, si pour ta vie, il faut que je meure... Oh ! tue-moi, je t'appartiens. Morte, tu m'aimeras peut-être comme tu eusses voulu m'aimer, je serai devenue la femme que tu avais rêvée, la femme que vivante, je ne puis être... Le corps qui te renvoie sans cesse l'image, le corps pourrit et s'efface, mais l'âme reste, plus pure, plus belle... Qu'importe de mourir, si la mort est pour toi la vie qui s'ouvre, si la mort est pour nous l'amour qui commence !

Jacques se précipita dans les bras de sa femme. Et longtemps, longtemps ils sanglotèrent...

Le lendemain matin, le domestique, en

entrant dans la chambre de son maître, le trouva étendu sur le tapis, un couteau planté dans le cœur.

L'ENFANT

A. M. Félicien Rops'.

L'ENFANT

....

Et Motteau déposa ainsi :

« Voilà, monsieur le président... vous avez entendu tous ces gens, mes bons voisins et mes chers amis... Ils ne m'ont pas épargné ; c'est juste... Ah ! ils n'en menaient pas large, tant que j'étais à la Boulaie-Blanche, et qu'il n'y avait pas de gendarmes entre eux et les canons de mon fusil... Ils ne m'aimaient pas, bien sûr, mais ils se seraient gardés de laisser rien paraître de leur haine, parce qu'ils savaient qu'on ne badine pas avec Motteau... Aujourd'hui, c'est une autre histoire... Tenez, ça me fait hausser les épaules et je ris malgré moi... Maheu, le borgne Maheu qui est venu vous dire que j'étais un assassin et un voleur, eh bien ! Maheu, c'est lui, qui, l'an dernier, dans la vente Gravoir, tua le garde de Blandé... Ne dis pas le contraire, canaille, j'étais avec toi... Léger, le bossu Léger, qui, tout à l'heure, vous a débité un tas d'hypocrisies, Léger a volé l'église de Pontillon, il y a six mois... Oh ! il n'aura pas l'effronterie de nier... Nous avons fait le coup ensemble... Pas vrai, Léger ?... Vous ne savez pas, monsieur le président, qui est-ce qui a tordu le cou à maît' Jacquinot, quand il s'en revenait, le soir, de la foire du Feuillet ?... Vous avez emprisonné un tas d'innocents pour ça, fait des enquêtes et des enquêtes... C'est Sorel, Sorel qui, à l'instant, vous demandait ma tête... Eh bien ! quoi ? tu ne protestes pas, camarade ? C'est que, voyez-vous, pas moyen ; pendant qu'il étranglait le vieux, moi, je fouillais dans les poches, hé, hé !... Ça vous étonne ?... Mais regardez-les donc !... Ah ! on n'est plus fier, mes gars, on n'est plus arrogant, on tremble, on pâlit, et on se dit qu'en dénonçant Motteau, dont on voulait se débarrasser, c'est soi-même qu'on a dénoncé, et que la même guillotine nous coupera le cou, à tous...

« Monsieur le président, ce que je vous dis, c'est la vérité... et vous pouvez me croire... nous sommes tous comme ça à la Boulaie-Blanche. Dame! ça se comprend!... à deux lieues, tout autour du hameau, point de terre ; rien que la bruyère et des ajoncs d'un côté ; rien que du sable et de la pierre de l'autre... Des petits bouleaux grêles, de place en place, ou bien des pins qui se rabougrissent et ne poussent pas... Les choux eux-mêmes ne viennent point dans nos jardins... C'est un pays maudit... Comment voulez-vous qu'on vive là-dedans ?... Le bureau de bienfaisance, n'est-ce pas ?... Une jolie blague, allez ; ça ne donne rien, ou ça ne donne qu'aux riches... Alors, comme on est pas trop loin du bois, on commence par braconner... Des fois, ça rapporte, mais il y a bien aussi de la morte-saison... sans compter les gardes qui vous traquent, les procès, la prison... Mon Dieu! la prison, ça va encore!... On est nourri, et puis on y fait des collets en attendant de sortir... Je vous le demande, monsieur le président, qu'est-ce vous feriez à notre place?... Travailler au loin?... aller s'engager dans les fermes?... Mais si on dit que nous sommes de la Boulaie-Blanche, c'est comme si on arrivait de l'enfer... on nous chasse à coups de fourche... Alors, il faut bien voler!... Et quand on se se décide à voler, il faut aussi se décider à tuer... L'un ne va pas sans l'autre... Si je vous raconte tout cela, c'est qu'il faut que vous sachiez ce que c'est que la Boulaie-Blanche, et que la faute en est plus encore aux autorités, qui ne se sont jamais occupées de nous, et qui nous isolent de la vie, comme des chiens enragés et des pestiférés.

« Maintenant, j'arrive à l'affaire.

« Je me suis marié, il y a juste un an, et

ma femme devint grosse, dès le premier mois. Je réfléchis. Un enfant à nourrir, quand déjà on ne peut pas se nourrir soi-même, c'est bête. — « Il faut faire disparaître ça ! » dis-je à ma femme. Justement, il y a près de chez nous une vieille rôdeuse qui s'entend à ces manigances... Moyennant un lièvre et deux lapins que je lui donne, elle apporte à ma femme, des plantes et puis des poudres, avec lesquelles elle combine je ne sais quel breuvage... Ça ne fait rien, rien... On essaye plus de vingt fois... rien. La vieille rôdeuse nous dit : « Ne vous inquiétez pas, il est bien mort, j'vous dis qu'il viendra mort. » Comme elle avait, dans le pays, la réputation d'une sorcière bien savante, je ne me tourmente plus, et je me dis : « C'est bon, il viendra mort. » Mais elle avait menti, la vieille voleuse, vous allez voir.

« Une nuit, par une belle lune, j'avais tué un chevreuil... Je m'en revenais, mon chevreuil sur le dos, bien content, car on ne tue pas des chevreuils toutes les nuits... Il était à peu près trois heures, quand j'arrivai chez nous... Il y avait de la lumière à la fenêtre... Cela m'étonne ; je frappe à la porte, qui est toujours barricadée en dedans, quand je ne suis pas là... On n'ouvre pas... Je frappe de nouveau et plus fort... Alors j'entends comme une petite plainte, puis un juron, puis un pas traînant qui glisse sur les carreaux... Et qu'est-ce que j'aperçois?... Ma femme à moitié nue, pâle comme une morte, et tout éclaboussée de sang!... D'abord, je pense qu'on a voulu l'assassiner... Mais elle me dit : « Pas tant de bruit, imbécile, tu ne vois donc pas que j'accouche? » Tonnerre de Dieu!... Ça devait arriver un jour ou l'autre... Pourtant, dans le moment, j'étais à cent lieues de ça!... J'entre, je jette le chevreuil dans un coin, j'accroche le fusil au clou : « Il est venu mort au moins? » demandai-je à ma femme. « Ah! oui, mort!... Tiens! » Et je vis sur le lit, au milieu de nippes sanglantes, quelque chose de nu qui se tortillait... Je regarde ma femme ; ma femme me regarde, et pendant cinq minutes, nous sommes restés silencieux... Cependant, il fallait prendre un parti.

— « As-tu crié ? dis-je à ma femme.

— « Non !

— « As-tu entendu quelqu'un rôder autour de la maison ?

— « Non !

— « Pourquoi avais-tu de la lumière ?

— « Il n'y avait pas deux minutes que la chandelle était allumée, quand tu as frappé.

— « C'est bon. »

« Alors, je saisis l'enfant par les pieds, et, rapidement, comme on fait pour les lapins, je lui assène sur la tête un vigoureux coup de la main... Après quoi, je le fourre dans mon carnier, et je reprends mon fusil... Vous me croirez, si vous voulez, monsieur le président, mais je vous donne ma parole que j'ai toujours ignoré si c'était une fille ou un garçon...

« J'allai vers la Fontaine au Grand Pierre... Tout autour, jusqu'à l'horizon, ce n'est que de la bruyère maigre, qui pousse entre des tas de cailloux. Pas un arbre, pas une maison proche, pas un chemin qui aboutisse là !... En fait d'êtres vivants, on ne voit parfois que des moutons qui paissent, les bergers, de temps à autre, quand il n'y a plus d'herbe, là-bas, dans les champs... Auprès de la Fontaine, se trouve une carrière de marne, profonde et abandonnée depuis des siècles... Les broussailles dissimulent aux yeux, la gueule béante des puits... C'est là que je viens cacher mon fusil, lorsque je suis averti de la visite des gendarmes... Qui oserait s'aventurer en cet endroit désert, et que bien des gens croient hanté des revenants ?... Donc rien à craindre... Je jetai l'enfant dans la carrière, et j'entendis le bruit de sa chute, au fond... ploc !... Le petit jour pointait très pâle, derrière le côteau...

« En rentrant, dans le chemin de la

Boulaie-Blanche, derrière la haie, j'aperçus une forme grise, quelque chose comme un dos d'homme ou de loup, — on ne dis pas toujours très bien, dans le demi-jour, malgré l'habitude — qui se glissait doucement, se baissait, rampait, s'arrêtait... « Hé ! criai-je, d'une voix forte, si t'es un homme, montre-toi, ou je tire. — Tiens, c'est toi, Motteau, dit la forme, en se redressant tout à coup. — Oui, c'est moi, Maheu, et souviens-toi bien qu'il y a toujours un coup de chevrotines dans mon fusil, pour les trop curieux. — Oh ! il n'y a pas de mal. Je relevais mes collets. Mais, dis donc, il n'y a pas que les chevreuils qui bêlent quand on les tue... — Non ! il y a aussi les lâches comme toi, vilain borgne. » J'épaulai, mais, je ne sais pourquoi, je ne tirai pas... j'ai eu tort. Le lendemain, Maheu allait chercher les gendarmes...

« Maintenant, monsieur le président, écoutez-moi bien... Il y a, au village de la Boulaie-Blanche, trente feux, c'est-à-dire, trente femmes et trente hommes... Avez-vous compté combien, dans ces trente feux, il y a d'enfants vivants?... Il y en a trois... Et les autres, et les étouffés, et les étranglés, et les enterrés, les morts enfin?... les avez-vous comptés?... Allez retourner la terre, là-bas, à l'ombre maigre des bouleaux, au pied frêle des pins; sondez les puits, remuez les cailloux, éparpillez au vent les sables des carrières ; et dans la terre, sous les bouleaux et les pins, au fond des puits, parmi les cailloux et le sable, vous verrez plus d'ossements de nouveau-nés qu'il n'y a d'ossements d'hommes et de femmes dans les cimetières des grandes villes... Allez dans toutes les maisons, et demandez aux hommes, les jeunes et les vieux, demandez-leur ce qu'ils ont fait des enfants que leurs femmes portèrent !... Interrogez Maheu, Léger, Sorel, et tous, tous !.... Eh bien! Maheu, tu vois qu'il n'y a pas que les chevreuils qui bêlent quand on les tue...

LA CHASSE

A M. Elémir Bourges.

LA CHASSE

Solidement guêtré, les reins bien sanglés par la cartouchière, le fusil au bras, le corps souple et dispos, je partais... L'aube à peine rougissait, à l'horizon, une mince bande de ciel, et des vapeurs, que le soleil allait tout à l'heure pomper, voilaient les prairies encore baignées de crépuscule. Près de moi, dans mes jambes, le chien bondissait, le nez humide, le fouet joyeux, l'œil impatient... Et je marchais sur le sol dur, humant à pleins poumons la fraîche haleine de la terre reposée...

Je ne sais rien de bon ni rien de sain

comme la chasse qui fait les muscles forts et l'âme réjouie. Perdu dans les sainfoins et les luzernes où les perdreaux sont blottis, glissant le long des haies touffues où se tapissent les lièvres, arpentant les guérets nus et les chaumes encore çà et là jonchés de javelles, et où se hâtent les derniers moissonneurs, comme on se sent enveloppé, étourdi, ravi — et délicieusement — par ce calme silence des choses si plein de voix et de murmures pourtant, par cette tranquillité robuste où pourtant fermentent tous les germes de l'universelle fécondation ! Nul bruit discordant, nulle agitation stérile. C'est la nature apaisée qui poursuit l'œuvre de vie, jamais interrompue. Comme on est loin de tout ce qui blesse, de tout ce qui ment, de tout ce qui désespère ! Et comme on oublie, sous les cieux égayés de clairs soleils, et dans les champs solitaires, la vie maudite des villes, la vie de proie qui allume les colères, arme les vengeances, fait se ruer les uns contre les autres les ambitions impitoyables et les appétits farouches !

Et les haltes paresseuses, à l'ombre d'un vieux arbre, dans l'herbe, près d'une source où l'on s'est désaltéré, tandis que le chien se couche en rampant, les pattes allongées, les flancs haletants, la langue ruisselante de sueur ! Et les bonnes fatigues du retour, quand tombe le soir et que l'on n'entend plus qu'un coup de fusil retardataire, les rappels lointains des perdrix dispersées dans les sillons, et les mille bruissements de la nature qui s'endort.

Si j'aime la chasse qui égare l'homme rêveur, son fusil sur l'épaule, à travers la campagne, je déteste la chasse où l'on va comme à un bal, comme à une fête mondaine, la chasse où il faut des costumes élégants et des accessoires de luxe, où tout est réglé d'avance comme les comédies de salon, où l'on vous poste le long d'une allée ratissée, où l'on vous oblige à tirer sur de pauvres faisans à peine farouches, qui s'en volent sous les pieds des rabatteurs et qui passent, effarés, constamment, au-dessus de votre tête. Je déteste ces tueries que pratiquent les banquiers dans leurs bois et leurs terres transformés en basses-cours ou en réunions d'actionnaires.

Les banquiers, entre autres privilèges, ont aujourd'hui le privilège de ce que l'on appelle les belles chasses. Plus on est un gros banquier, plus on est tenu d'avoir une chasse splendide. Et plus la chasse est splendide, plus on est un gros banquier : cela fait partie de la profession.

Les israélites, qui connaissent leur monde et la manière de s'en servir, triomphent à la chasse comme à la Bourse. Personne n'est plus habile à l'élevage du faisan, de même que personne ne connaît mieux l'élevage du gogo. Ce n'est point pour eux seulement affaire de luxe et de plaisir ; c'est affaire... d'affaires. La chasse est un moyen et c'est une puissance. Si une chasse coûte beaucoup à entretenir, elle rapporte en influence, en relations, en classement social encore plus qu'elle ne coûte en argent. C'est par ses faisans que le banquier juif se faufile dans les salons difficiles et dans les club côtés ; car croyez-bien que les invitations ne sont pas adressées à l'étourdie, et que « chaque fusil » travaille inconsciemment à un but utile, à une combinaison qu'il ignore, en attendant qu'il paie — quelquefois très cher — les politesses acceptées et les plaisirs reçus.

Bien des Conseils d'administration sont nés, sans qu'on y pensât, en massacrant des perdreaux, et c'est en tuant des lapins que des affaires considérables furent imaginées qui ont révolutionné la Bourse, amené des krachs et ruiné beaucoup d'honnêtes gens et... d'autres.

Tout près de l'endroit que j'habite, dans un des plus fertiles terrains qui soient en France, se trouve une grande propriété. Elle appartient à un banquier célèbre et ne lui sert que de rendez-vous de chasse. Le château fut en partie détruit sous la Révolution ; il n'en reste qu'une tour de brique et quelques murs branlants qu'envahissent les herbes arborescentes et la mousse. Les communs, très beaux et très bien conservés, ont été aménagés en maison d'habitation et font encore superbe figure dans le vaste parc planté d'arbres géants, tapissé de royales pelouses, qui va rejoindre sur la gauche, la forêt du P..., une forêt de l'État, renommée par la splendeur de ses hautes futaies. A droite, sur un parcours de dix kilomètres, s'étendent les terres qui dépendent de la propriété.

Je me souviens d'avoir vu là, enfant, des champs couverts de récoltes, des prairies où les bœufs enfonçaient dans l'herbe jusqu'au ventre, des fermes coquettes d'où s'échappait, alerte et joyeuse, la bonne et rude chanson du travail. Au milieu de cette nature privilégiée, de ces riches moissons, le paysan vivait dans l'aisance et dans le bonheur, mais aujourd'hui tout cela est bien changé.

Maintenant les vaches et les grands bœufs ont déserté les prairies desséchées. Plus un champ de blé, plus un champ d'orge, plus un champ d'avoine. Le trèfle et le sainfoin ne poussent plus dans cette terre stérilisée. Plus de fermes où l'on entend le fléau battant l'aire des granges. Les haies elles-mêmes ont été rasées. On dirait qu'un mauvais vent est passé qui a détruit toute cette gaieté du sol et pompé toute la sève de ce pays.

Sur un espace de six kilomètres, à droite et à gauche de la route, jusqu'à la lisière de la forêt, les champs jadis chargés de moissons dorées et de récoltes bienfaisantes, sont plantés de mahonias grêles, et de place en place, on a semé un peu de sarrazin qu'on laisse pourrir sur pied. Les clôtures hérissent leurs piquets de bois pressés l'un contre l'autre et défendent les approches de ce domaine infranchissable, où se pavane le faisan, où tout est sacrifié au faisan, où le faisan est roi. Les chenils avec des clochetons, d'immenses faisanderies avec des tourelles remplacent les fermes au toit rose, et les treillages en fil de fer courent là, où jadis s'élevaient les haies de coudriers, où montaient si fins, si légers sur le ciel, les rideaux des trembles au feuillage d'argent.

On les voit par troupes, les volatiles sacrés, courir dans les petits layons, sous les touffes de mahonias, se glisser entre les brindilles du sarrazin, se percher fièrement sur les lattes des clôtures, et se poudrer sur les routes, au soleil. On est obsédé par le faisan, on marche sur le faisan; partout où la vue se pose, elle rencontre un faisan. Les gardes, le fusil sur l'épaule, sont échelonnés le long de la route et veillent sur les oiseaux que les paysans pourraient, en passant, assommer d'un coup de bâton.

Cela est sinistre, je vous le jure.

Comme il faisait très chaud, je m'arrêtai à la porte d'une petite maison que j'avais prise pour une ferme, et je demandai du lait.

La femme à qui je m'adressai me regarda d'un air stupide, puis, haussant les épaules, elle me dit :

— Du lait ! Vous demandez du lait ! Mais y a pus de lait ici... Y faudrait des vaches pour ça. Et voyez donc ! Y a pus que des faisans, des faisans de malheur.

Et d'un air farouche, elle regarda autour d'elle les champs de mahonias qui s'étendaient au loin, protégeant de leur ombre fraîche et nourrissant de leurs baies violettes « l'oiseau de malheur » qui lui avait pris sa vache, qui lui avait pris son pain.

LA TABLE D'HOTE

A M. J.-F. Raffaëlli.

LA TABLE D'HOTE

―――

Une grande pièce, tapissée de papier imitant le bois de chêne. La table occupe presque toute la longueur de la pièce. Sur la table, entre les heures des repas, on voit toujours un huilier désargenté, des salières en verre ébréché, des assiettes de petits fours poussiéreux et des carafes à demi pleines d'eau. En face de la cheminée, une armoire de merisier pour le linge ; près de la fenêtre, un buffet, également en merisier, pour la vaisselle. Sur la cheminée s'élèvent deux vases dorés, soigneusement abrités sous des globes, et, sous des globes aussi, une pendule sans mouvement et qui marque toujours cinq heures. Le plafond, noirci par la fumée des lampes, la glace ternie et rayée sont couverts de chiures de mouches. Un portrait de Gambetta, ancienne prime de journal, quelques lithographies, représentant, de préférence, des scènes militaires du premier Empire, et parfois une caricature politique, cadeau d'un commis voyageur, décorent les murs.

La table d'hôte n'a que trois pensionnaires : le receveur de l'enregistrement, le receveur des contributions indirectes, celui que les cabaretiers appellent : le rat de cave, et les paysans : l'ambulant ; le troisième, récemment arrivé de Vendée, est le principal clerc de M⁰ Bernard, notaire.

C'est un vieil homme fort râpé, qui sent la poussière des paperasses et des dossiers ; pourtant il porte des bottes à l'écuyère et ne s'habille que de jaquettes en velours feuille morte, ornées de boutons de bronze représentant des attributs de chasse. Le principal clerc de Mᵉ Bernard a la passion de la chasse à courre, bien qu'il n'ait jamais chassé, mais il s'en console en citant à tout propos le nom des piqueux célèbres, des grands veneurs, et en sonnant de la trompe, chaque soir, après dîner, dans la petite chambre qu'il occupe à l'hôtel. Le jour de son arrivée, il a cru devoir faire sa profession de foi aux convives de la table d'hôte : « Je suis républicain, messieurs, mais il faut être juste en tout ; eh bien, pour sonner de la trompe, il n'y en a pas comme Baudry-d'Asson. »

Le receveur de l'enregistrement est un jeune homme rangé, triste, ponctuel et très propre. Il mange beaucoup et parle peu. On ne lui connaît pas d'autres distractions qu'une promenade d'une heure au bord de la rivière, dans la journée, et, le soir, la lecture des vers de M. Coppée et des romans de M. Ohnet. A une époque, il aimait à s'oublier parfois, au bureau de tabac, où trône la belle Valentine ; il lui prêtait *Serge Panine* et copiait pour elle quelques vers du *Passant*, mais on prétend que « ça n'a pas été plus loin ». D'ailleurs, depuis deux mois il n'entre plus au bureau de tabac : « Je ne fume plus », dit-il mélancoliquement.

Le rat de cave, lui, est très gai, grand chasseur, et d'une mise plus que négligée. Il arrive toujours pour dîner, en tenue de chasse, avec ses guêtres boueuses, son pantalon et son veston de toile bleue, maculés de sang. Le principal clerc le méprise un peu, parce qu'il trouve que la chasse au fusil manque de *distinction* et qu'il n'y a que « la chasse à courre pour être vraiment chic ». De là des discussions qui, la plupart du temps, dégérèrent en disputes. « Un perdreau! s'écrie le principal, dédaigneusement, qu'est-ce que c'est que ça qu'un perdreau !.. Parlez-moi d'un dix-cors, d'un sanglier, au moins cela signifie quelque chose. » — « Et ta meute ! » répond le rat de cave d'un ton froissé. Va donc, vieux limier! Tu fais le pied dans les actes de ton patron, tu rembûches les souris dans les cartons de l'étude ! »

Le rat de cave a, sans cesse, des aventures extraordinaires à raconter. Dans ses conversations, il imite le chien à l'arrêt, le vol des perdreaux, le lièvre qui roule, frappé à la tête d'un coup de plomb, les détonations du fusil, la pipée de la bécasse ; tous les objets qui se trouvent sous sa main lui servent à expliquer ses récits, à les rendre visibles.

— J'arrive dans un champ de luzerne (il pose au milieu de la table son assiette où restent encore quelques feuilles de salade)... Ça c'est le champ de luzerne... Suivez-moi bien... A côté, il y avait un bois... tenez... (il dispose près de l'assiette deux ou trois bouteilles)... ça c'est le bois... Attention !... Voilà que, tout à coup, dans la luzerne (il montre l'assiette)... tout contre le bois (il indique les bouteilles)... j'aperçois un lièvre au gîte... (il coule une croûte de pain sous des feuilles de salade)... voyez-vous, ça c'est le lièvre... un gros lièvre... énorme... Alors... (il se lève, se recule sur la pointe des pieds, doucement)... il rondissait l'œil...

(il fait le geste d'épauler)... je ne me presse pas... (il vise la croûte de pain)... Pan!... pan!... Je cours... (il se précipite vers l'assiette, en retire la croûte de pain, et prend un air consterné)... C'était pas un lièvre!... non... c'était une casquette! (il jette la croûte à terre, et la repousse du pied)... une casquette!... Ah! ah!... J'en ris maintenant... mais sur le moment!... Une casquette!... Oh! oh!...

Hormis ces trois pensionnaires qui mangent régulièrement à la table d'hôte, les autres convives se composent de commis-voyageurs, d'étrangers de passage et de gros fermiers, les jours de foire seulement.

Jamais je n'oublierai le dîner que je fis là.

Il y avait autour de la table cinq ou six commis-voyageurs et les trois pensionnaires qui, du couteau et de la fourchette, luttaient désespérés contre une carcasse de vieille poule, carcasse cuirassée, carcasse invincible, carcasse inexpugnable. C'était, je vous assure, un lamentable spectacle. Je m'assis, trés impressionné. En face de moi se trouvaient deux personnages assez bizarres qui attirèrent aussitôt mon attention.

L'un était grand, gros, avec des yeux ronds, très noirs, des moustaches énormes qui pendaient de chaque côté des lèvres, une bouche lippue et un triple menton qui s'épanouissait sur sa poitrine, entièrement cachée par la serviette. L'autre, petit, maigre, d'un blond filasse, le visage rouge et glabre, était si grimaçant et si agité qu'on aurait pu le prendre pour un échappé de cabanon. Son œil droit, grand ouvert, très pâle, restait fixe et inerte comme l'œil d'un mort ou d'un aveugle. La paupière, fripée et sans cils, retombait sur l'œil gauche et le recouvrait entièrement. Et c'était une chose presque fantastique de voir ce petit homme qui, lorsqu'il voulait saisir un objet, ou parler à son voisin, du doigt levait la paupière paralysée jusqu'au sommet de l'arcade sourcilière, la retournait d'un geste brusque, découvrant ainsi l'œil, encadré d'une peau écorchée, humide et sanguinolente.

Le gros voyageait pour les jouets d'enfants, le petit pour les gilets de flanelle.

Après avoir inutilement tenté de manger son poulet, après avoir juré, tempêté, appelé les bonnes, maudit l'établissement, le gros s'adressa au petit :

— Eh bien! qu'est-ce que je t'avais dit, à Alençon, bougre de serin? As-tu lu le journal? l'as tu lu? C'est une infamie. Au Tonkin, c'est comme en 70, on nous fiche dedans, les généraux trahissent. Tu connais ce Négrier? Ah! c'est du propre! Un tas de canailles! Tiens! ce Courbet, il paraît qu'il est mort à temps.

Le petit leva sa paupière, grimaça et, regardant son compagnon :

— T'es sûr de cela, que les généraux trahissent? dit-il, t'es sûr?

— Pardi! si je suis sûr, bougre de saint Thomas! Oh! on ne me la fait pas à moi! Faudrait être plus malin... Je connais ça...

Je te dis que c'est comme à Metz. J'y étais, tu sais bien, à Metz, et partout... J'ai vu, — il n'y a pas à dire que je n'ai pas vu, — comment que ça se turbinait. Oh! les canailles! Mais, t'as donc pas lu le journal?

Il frappa sur la table un formidable coup de poing. Les autres commis-voyageurs parurent très intéressés ; les deux fonctionnaires, ayant terminé leur repas, se retirèrent sans dissimuler leur indignation. Il reprit, en élevant la voix :

— C'est comme ces deux mangeurs de budget, ces fainéants!... Ils ont bien fait de ne rien dire, parce que je leur aurais frictionné l'opportunisme, moi!... Certainement, les opinions sont libres, excepté celles des curés et puis des autres bonapartistes... Mais ce qui n'est pas libre, c'est de trahir!... Quand je pense à cela, ça me fout en rage... A Metz, j'y étais, tu sais bien, à Metz, et partout... Je les ai vus les généraux, les maréchaux, tout le tremblement. Des propres à rien qui ne sortaient pas des cafés! Ils étaient saoûls tous le temps... Et ça se gobergeait avec les Allemands, un tas de sales Bavarois!... Tiens, Canrobert, le vieux Canrobert, veux-tu que je te dise? Eh bien! Canrobert, oui, messieurs, Canrobert, on était obligé de le remporter chez lui tous les jours, tellement il était poivrot!... C'est pas une fois que j'ai vu ça. C'est cent, c'est deux cents fois! Et les femmes avec qui il faisait la noce, c'en était rempli partout, des traînées de Paris, des salopes de Bullier et du Cadet... et laides, non, fallait voir!... Nous crevions de faim, nous; mais elles, c'est des truffes qu'elles mangeaient... Ah! les sales canailles!... Eh ben, au Tonkin, c'est tout pareil... S'il n'y avait eu que ça encore!... Les généraux, c'est bon pour boire et pour nocer, c'est dans le sang, c'est le métier qui veut ça, quoi! Mais ils trahissaient, tonnerre de Dieu!... Et puis qu'on ne vienne pas me dire qu'ils ne trahissaient pas, non, qu'on ne vienne pas me le dire... parce que moi qui te parle, moi, tu entends

bien, moi, sacré mâtin, je les ai vus trahir !
Et pas une fois, non !... mais plus de cent
fois, plus de mille fois !... oui, plus de deux
mille fois !

Le petit était indigné, sa face maigre
s'empourprait, devenait violette. Il se remuait sur sa chaise avec une agitation
extraordinaire, montrait le poing à des personnages qu'on ne voyait pas, levait et baissait sa paupière au bord de laquelle son œil
apparaissait furieux, se grattait la tête, frappait la table. Il bégaya :

— Les canailles ! les canailles !... Mais
comment qu'ils s'y prenaient, dis ? Comment qu'ils s'y prenaient pour trahir ?

— Comment qu'ils s'y prenaient ? répéta
le gros en ricanant effroyablement. Comment qu'ils... Eh ben ! mais... ils trahissaient... Voilà comment ils s'y prenaient.

A cette explication imprévue, le petit
lança un juron ordurier ; de la paume de la
main, il se frappa la cuisse, puis, repoussant

sa chaise en arrière, se balança pendant quelques secondes.

— Tiens ! dit-il d'une voix frémissante de colère, causons plus de ça, hein ? Parce que ces choses-là, vois-tu, ça me met hors de moi..., ça me fout malade...

Il y eut un silence de plusieurs minutes.

Après quoi, ils parlèrent littérature.

LA GUERRE ET L'HOMME

A M. Puvis de Chavannes.

LA GUERRE ET L'HOMME

Un homme en tue un autre pour lui prendre sa bourse ; on l'arrête, on l'emprisonne, on le condamne à mort et il meurt ignominieusement, maudit par la foule, la tête coupée sur la hideuse plate-forme. Un peuple en massacre un autre pour lui voler ses champs, ses maisons, ses richesses, ses coutumes ; on l'acclame, les villes se pavoisent pour le recevoir quand il rentre couvert de sang et de dépouilles, les poètes le chantent en vers enivrés, les musiques lui font fête ; il y a des cortèges d'hommes avec des drapeaux et des fanfares, des cortèges de jeunes filles avec des rameaux d'or et des bouquets qui l'accompagnent, le saluent comme s'il venait d'accomplir l'œuvre de vie et l'œuvre d'amour. A ceux-là qui ont le plus tué, le plus pillé, le plus brûlé, on décerne des titres ronflants, des honneurs glorieux qui doivent perpétuer leur nom à travers les âges. On dit au présent, à l'avenir : « Tu honoreras ce héros, car à lui seul il a fait plus de cadavres que mille assassins. » Et tandis que le corps de l'obscur meurtrier pourrit, décapité, aux sépultures infâmes, l'image de celui qui a tué trente mille hommes se dresse, vénérée, au milieu des places publiques, ou bien repose, à l'abri des cathédrales, sur des tombeaux de marbre bénit que gardent les saints et les anges. Tout ce qui lui a appartenu devient des reliques sacrées, et l'on se rend en foule dans les musées, ainsi qu'à un pèlerinage, pour y admirer son épée, sa masse d'armes, sa cotte de mailles, le panache de son casque, avec le regret de n'y point voir les éclaboussures du sang des anciennes tueries.

— Mais je ne veux pas tuer, dis-tu, je ne veux rien détruire de ce qui vit.

Comment! tu ne veux pas tuer, misérable? Alors la loi vient t'arracher à ton foyer, elle te jette dans une caserne, et elle t'apprend comment il faut tuer, incendier, piller! Et si tu résistes à la sanglante besogne, elle te cloue au poteau avec douze balles dans le ventre, ou te laisse pourrir, comme une charogne, dans les silos d'Afrique.

La guerre est une brute aveugle. On dit : « La science de la guerre. » Ce n'est pas vrai. Elle a beau avoir ses écoles, ses ministères, ses grands hommes, la guerre n'est pas une science; c'est un hasard. La victoire, la plupart du temps, ne dépend ni du courage des soldats, ni du génie des généraux, elle dépend d'un homme, d'une compagnie, d'un régiment qui crie : En avant! de même que la défaite ne dépend que d'un régiment, d'une compagnie, d'un seul homme qui aura, sans raison, poussé le cri de : Sauve qui peut! Que deviennent les plans des stratèges, les combinaisons des états-majors, devant cette force plus forte que le canon, plus imprévue que le secret des tactiques ennemies : l'impression d'une foule, sa mobilité, sa nervosité, ses enthousiasmes subits ou ses affolements? La plupart des batailles ont été gagnées, grâce à des fautes fortuites, à des ordres non exécutés ; elles ont été perdues par un entêtement dans la mise en œuvre de plans admirables et infaillibles.

L'héroïsme ni le génie ne sont dans le fracas des camps ; ils sont dans la vie ordinaire. Ce n'est point difficile de se faire trouer la poitrine, au milieu des balles qui pleuvent et dès obus qui éclatent ; c'est difficile de vivre, bon et juste, parmi les haines, les injustices, les tentations, les disproportions et les sottises humaines. Oh! comme un petit employé qui lutte, sans défaillance, à toutes heures, pour procurer à sa famille la maigre nourriture de chaque jour, me paraît plus grand que le plus glorieux des capitaines qui ne compte plus les batailles gagnées ! Et, comme je préfère contempler un paysan qui, le dos courbé et les mains calleuses, pousse la charrue, péniblement, dans le sillon de la terre nourricière, plutôt que de voir défiler des généraux au costume éclatant, à la poitrine couverte de croix ! C'est que le premier symbolise tous les sacrifices inconnus et toutes les vertus obscures de la vie féconde, tandis que les autres ne me rappellent que les tristesses stériles et les deuils inutiles dont ils ont semé le sol des patries vaincues.

Pourquoi le Droit et pourquoi la Justice, si la Guerre est là, qui commande, la Guerre, négation du Droit, négation de la Justice ? Qu'on raie ces deux mots des langages humains qui ne les comprennent pas, et qu'on arrache, au fronton des sociétés contemporaines, ces deux emblèmes qui toujours ont menti.

* *
*

L'HUMANITÉ

Tu ne passeras pas, maudite gueuse. Regarde, derrière toi, les chemins que tu as parcourus ; partout la nuit, le malheur, la désolation. Les moissons sont détruites : les villes incendiées, et, dans les champs dévastés et dans les forêts abattues, pourrissent des monceaux de cadavres sur lesquels s'acharne le corbeau. Chacun de tes pas est marqué d'une fosse où dorment à jamais les meilleurs des enfants des hommes, et les grains de sable des routes, et les brins d'herbe des prairies, et les feuilles des arbres sont moins nombreux que tes victimes. Tu ne passeras pas.

LA GUERRE

Je passerai, vieille radoteuse, et tes sensibleries ne m'arrêteront point. Il faut que toute la terre s'éclaire à mon soleil de sang et qu'elle boive, jusqu'à la dernière goutte, l'amère rosée des larmes que je fais couler. Je pousserai sur elle le poitrail fumant de mes chevaux, et je la broierai sous les roues de mes chars. Tant qu'il existera non seulement deux peuples, mais deux hommes, je brandirai mon glaive, je soufflerai dans mes trompettes, et ils s'entretueront. Et mon corbeau s'engraissera dans les charniers.

L'HUMANITÉ

N'es-tu donc point lasse de toujours tuer, de toujours marcher dans la boue sanglante, à travers les plaintes et la fumée rouge des canons ? Ne peux-tu donc te reposer et sourire ? Ne peux-tu, un instant, rafraîchir à l'air libre tes poumons brûlés par la poudre, aux sources qui chantent sous les lianes, ta gorge altérée par les hurlements ? Vois les contrées que je garde ; elles sont magnifiques. La vie bout dans leurs artères, florit sur leurs faces rubicondes de santé, leur

17

fait une ceinture de prés verts, de moissons d'or, de pampres joyeux ; et le bonheur et la richesse, éternellement, s'échappent des germes éclatés. L'homme y travaille dans la paix, y chante dans l'amour, s'y élève dans la prière, et tout prie, aime, travaille autour de lui. Jette ton glaive, prends la charrue que traînent, dans les bons sillons, les bœufs pensifs et résignés ; au lieu des fanfares de tes trompettes qui suggèrent à l'homme les homicides ivresses, au lieu des cris sauvages qui appellent la mort, écoute, le soir, au penchant des collines, le son des pipeaux, les clochettes des bergeries, le chantonnement doux des pâtres ; écoute, dans les grandes plaines qui se réveillent, l'alouette qui salue de ses chansons le travail, la paix, l'amour.

LA GUERRE

Trêve à la rhétorique, vieille sotte : je n'ai que faire de tes lamentations. Garde ta houlette, ta peau de mouton et ta virgilienne flûte. Je connais les hommes, et les hommes me connaissent. J'ai culbuté les trônes, renversé les autels, et de tous les souverains déchus et de tous les dieux errants, moi seule suis restée debout. Je suis la divinité nécessaire, implacable, éternelle. Je suis née avec le monde, et le monde mourra avec moi.

L'HUMANITÉ

Tu mens.

LA GUERRE

Je mens ! Mais regarde autour de toi, et écoute. Vois-tu tous ces hommes courbés, qui peinent, s'essoufflent, et meurent écrasés par les besognes toujours pareilles? Pour qui donc ces mines, ces forges, ces usines, ces fontes bouillonnantes, si ce n'est pour mes canons, mes fusils et mes obus? Pour qui ces navires qui sillonnent les mers et bravent les tempêtes? Ces prairies où mes chevaux s'engraissent, ces arbres avec lesquels on taillera les affûts de mes batteries, et les brancards de mes ambulances? Pourquoi donne-t-on de l'or aux ministres, des galons aux généraux? Pour qui arrache-t-on au foyer les bras jeunes et les cœurs vigoureux? Vois ces vieux savants, penchés sur des chiffres, sur des plans, sur des poudres blanches, pourquoi distillent-ils la mort? On me dresse plus de temples qu'à Dieu; compte donc les forts, les bastions, les casernes, les arsenaux, tous ces chantiers effroyables où l'on façonne le meurtre, comme des bibelots, où l'on chantourne la destruction comme des meubles de prix. C'est vers moi que tendent tous les efforts humains ; pour moi que s'épuise la moelle de toutes les patries. L'industrie, la science, l'art, la poésie se font mes ardents complices pour me rendre plus sanguinaire et plus monstrueuse. Mes trophées ornent les cathédrales, et tous les peuples à genoux devant mon image, ont entonné des *Te Deum* et des *Marseillaise*. Tiens, aujourd'hui, le printemps sourit, la nature se pare comme pour une douce fête ; les parfums sortent de la terre rajeunie, et les plus gaies couleurs éclatent aux branches, pavoisant les champs et les forêts. Qu'entends-tu? Des chants d'amour? Non. Des frémissements de colère, des cliquetis de sabres, des sonneries de clairon, et des armées qui marchent, et des canons qui roulent, et la terre qui tremble sous les pas des chevaux et les crosses des fusils.

L'HUMANITÉ

Ah! tu fus belle, parfois, et parfois sublime, je le sais. C'est toi qui as fait la patrie, et tu as délivré des peuples. Ton corbeau, qui se soûle du sang des héros, s'est souvent changé en coq qui a réveillé de son chant les indépendances abruties et les nations opprimées. Mais aujourd'hui, est-ce pour cette cause sacrée que tu vas encore moissonner des hommes et secouer des deuils sur la terre? Vas-tu rendre aux pauvres Hindous leurs champs de riz pillés, leurs pagodes détruites? Leur donneras-tu le sel dont on les prive, et dont ils ont besoin autant que de l'air qu'ils respirent? Les feras-tu libres, ces martyrs qui râlent sous le joug étranger, et qui ont vu leurs plaines transformées en abattoirs, en champs de torture, et qui pleurent encore leurs princes assassinés sur les marches de leurs palais? Alors, bien, et je te bénis. Mais, si c'est pour leur imposer de nouveaux maîtres, si c'est pour que leur sang, leurs biens, leur terre féconde, aillent engraisser le Russe comme ils engraissent l'Anglais, je te maudis.

LA GUERRE

Ta bénédiction m'importe aussi peu que ta malédiction. Je me ris de l'une comme de l'autre. Que je délivre ou que j'asservisse, cela m'embarrasse peu, vraiment, et le sentiment n'est point mon fait. Je veux me distraire, voilà tout, et l'occasion me paraît bonne. Il y a assez longtemps que je n'ai point rougi le Gange, dont les eaux bourbeuses me répugnent, et je veux donner aux belles vallées de l'Indus leur provision accoutumée de cadavres. Allons, vieille sorcière, dérange-toi et fais-moi place. Mon cheval s'impatiente à écouter tes sornettes, et les fadaises de tes discours me font pitié.

L'HUMANITÉ

Tu ne passeras pas. Ne vois-tu pas, aveugle criminelle, que tout le monde te maudit, et qu'il n'est pas un homme qui ne se détourne de toi ?

LA GUERRE

Tu me fais rire, en vérité ! Mais je veux te convaincre. Ecoute donc ce que les hommes vont me dire.

LE PAYSAN

Salut à toi, Guerre. Tu es douce, et je t'aime. Mon grenier est plein de blé ; — grâce à toi, je le vendrai très cher. Je gagnerai sur mes chevaux, et me déferai de mes bœufs. Tu es ma providence.

LE BANQUIER

Je ferai des emprunts ; et je spéculerai sur les mauvaises nouvelles, même sur les bonnes. Guerre, je te salue.

LA FAMILLE

Je te bénis, bonne Guerre. Mes frères, mes cousins sont à l'armée. Ils ne reviendront pas, et ma part d'héritage sera plus grasse.

LE COMMERÇANT

J'allais faire faillite. Mais tu arrives. J'ai dans mes magasins des toiles avariées, du drap pourri, du cuir en carton, sois la bienvenue !

L'USINIER

Aurait-il donc fallu éteindre mes machichines et laisser rouiller mes outils ? Tu me sauves de la ruine, Guerre protectrice. Je doterai mes filles et j'en ferai des femmes de marquis.

L'ARTISTE

Je coulerai en bronze tes héros tombés.

LE POÈTE

J'immortaliserai tes hécatombes dans mes vers.

LE BOURGEOIS

Je m'ennuyais. Tu occuperas mes soirées d'hiver et mes longues heures d'oisiveté. Les pieds chauds, enfoncé dans un moelleux fauteuil, je palpiterai à tes récits, et suivrai, sur une carte piquée d'épingles et de petits drapeaux, ton passage à travers les pays inconnus.

LE GÉNÉRAL

Je reviendrai peut-être Empereur, sur les ailes de la victoire. Et je te devrai la couronne.

L'OFFICIER

Tu broderas d'or mon képi ; tu y coudras la feuille du chêne.

LE SOLDAT

Tu m'ôteras le sac si pesant, la capote qui me rend si gauche, et tu me tendras l'épée.

LE DÉBAUCHÉ

Il y a de belles femmes là-bas, et je les prendrai.

LE VOLEUR

Il y a de beaux palais là-bas, et je les pillerai.

LE DÉSESPÉRÉ

Tu m'enverras la mort, et je te bénirai.

LA GUERRE

Eh bien! as-tu entendu? Et prétends-tu toujours te mettre en travers de ma route? Laisse-moi accomplir mon œuvre et rejoins tous ces braves gens.

(*L'Humanité se voile la face et pleure silencieusement.*)

AGRONOMIE

A M. Émile Bergerat.

AGRONOMIE

M. Lechat — le fameux M. Lechat — m'attendait à la gare.

— Ah, enfin ! vous voilà ! s'écria-t-il. Ça n'est pas malheureux.

— Vous voyez, dis-je, je suis de parole...

— Bravo ! j'aime qu'on soit de parole, moi !.. Par ici !.. Et votre bulletin ?.. Donnez votre bulletin... Allons dépêchons-nous de monter en voiture... Avez-vous des bagages ?... Non... Tant mieux... Par ici !...

M. Lechat saisit un pan de mon pardessus, me fit traverser la gare en courant, et m'entraîna ainsi jusqu'à sa victoria qui stationnait avec d'autres voitures, sur une petite place plantée d'acacias.

— Montez, montez, sapristi! me cria-t-il.

Et, s'adressant au cocher, il commanda :

— Toi, marche, et rondement... Et tu sais!... si je suis dépassé par un de ces imbéciles, je te flanque à la porte... Au château! vite...

Les chevaux piaffèrent, dansèrent un instant sur leurs jambes fines, en encensant la tête, puis la voiture vola sur la route. Agenouillé sur les coussins, penché sur la capote, M. Lechat surveillait attentivement les autres voitures qui, derrière nous, filaient, l'une après l'autre, et faisaient de petits nuages de poussière.

— Attention! disait-il de temps en temps au cocher, attention, nom d'un chien!

Mais nous marchions grand train, à droite et à gauche, la campagne semblait emportée dans une course folle, disparaissait... Au bout de quelques minutes, les voitures rivales ne furent plus qu'un petit point gris sur la blancheur de la route, et le point gris lui-même s'effaça.

Tranquillisé, M. Lechat s'assit et poussa un soupir de soulagement.

— Je ne veux pas être dépassé, déclara-t-il, en posant sa grosse main sur mes genoux, je ne le veux pas... Comprenez-vous cela?

— Parbleu! fis-je, si je comprends cela!

— Tiens! vous êtes rond, vous! Bravo! J'aime qu'on soit rond, moi!... C'est vrai aussi, ils sont là deux ou trois méchants hobereaux qui n'ont pas seulement vingt mille francs de rentes, et qui voudraient lutter avec mes trotteurs!... Regarde... Tu permets, hein?... Regarde mes trotteurs... Dix-huit mille balles, mon vieux, dix-huit mille...

Il retourna encore la tête et n'apercevant plus rien sur la route, il ordonna au cocher de modérer l'allure des chevaux... M. Lechat me serra les genoux très fort.

— Ecoute, reprit-il, tu vas voir... Avant-hier... Mais ça ne t'ennuie pas que je te tutoie?...

— Pas du tout ! au contraire...

— Bravo! J'aime qu'on se tutoie, moi!... Avant-hier je revenais de Sainte-Gauburge, par les bois... Le chemin est étroit et praticable seulement pour une voiture... Qu'est-ce que j'aperçois, à quarante pas, devant moi?... Le duc de la Ferté... un grand serin... Je ne veux être dépassé par personne, surtout par le grand serin de duc de la Ferté... Je dis au cocher : « Dépasse, nom d'un chien! » — « Il n'y a pas de place » répond le cocher. — « Alors, bouscule et jette-moi duc, voiture, chevaux dans le fossé »... Non, mais tu vas rire!... Le cocher lance ses chevaux... Patatras!... Le duc d'un côté, moi de l'autre, le cocher à dix mètres dans le taillis!... Quelle marmelade!... Je ne perds pas la carte... prestement je me remets sur pied, dégage les chevaux, relève la voiture et je passe... pendant que le duc, les quatre fers en l'air... ha! ha! ha!.,.

Voilà comment je les traite moi, tes ducs !...
Qu'est-ce que tu dis de cela ?

— C'est admirable !

— N'est-ce pas ?... Dame ! c'est juste !...
J'ai quinze millions... Et le duc, qu'est-ce
qu'il a, lui ?... A peine deux pauvres millions... Et les moutons ? Faut voir comme
j'écrase les moutons !... J'ai aussi écrasé
des enfants, des enfants de pauvres...
Qu'est-ce que cela fait ?... Je paie.

Et M. Lechat se frotta les mains.

— Avec ces manières-là, lui demandai-je, vous devez être joliment populaire dans
votre pays ?

— Si je suis populaire ?... Tu verras cela
aux élections, mon petit... Sais-tu comment
on m'appelle ? ajouta-t-il en se rengorgeant..,
On m'appelle Lechat-tigre... c'est chic,
hein ?... miaou !... Lechat-tigrrre...

Pendant quelques minutes, les yeux arrondis, les lèvres écartées, hérissant sa maigre moustache, il imita grotesquement les
chats en colère, puis, tout à coup il me dit :

— Tout ce que tu vois, à droite, à gauche, devant toi, derrière toi, tous ces champs, toutes ces maisons, toutes ces prairies, et, là-bas, tous ces bois, tout cela c'est à moi... Et encore tu ne vois rien!... Je suis sur trois chefs-lieux de canton, quatorze communes... J'ai six cent soixante-dix-sept champs... D'ailleurs tu verras tout cela sur mon plan, dans le vestibule de mon château.,. Il faut vingt-deux heures pour faire le tour de ma propriété, vingt-deux heures,.. mais tu verras tout cela sur mon plan... c'est épatant... Tu verras mes vaches aussi, mes cinquante-sept vaches, tu verras mes cent quatre-vingt-dix bœufs cotentins. tu verras mes viviers... Enfin, tu verras tout... Ah! tu ne vas pas t'embêter!...

Il se renversa sur le dossier de la victoria, allongea les jambes, croisa les bras, et souriant d'un sourire béat, il contempla ses champs, ses prairies, ses bois, ses maisons qui défilaient, fuyaient derrière nous. Des paysans en nous voyant passer, levaient la tête, s'arrêtaient de travailler et saluaient très bas, mais M. Lechat n'y prêtait aucune attention.

— Vous ne saluez jamais? lui dis-je.

— Ces gens-là? me répondit-il avec dégoût et en haussant les épaules. Tiens, voilà ce qu'ils me font faire.

D'un coup de poing il enfonça son chapeau sur la tête et il miaula férocement...

Petit, vif, très laid, les yeux fourbes, la bouche lâche, tel était, au physique Théodule, Henri, Joseph Lechat, de l'ancienne maison Lechat et Cie : *Cuirs et Peaux*, maison célèbre dans tout l'ouest de la France. Au temps de la guerre, Lechat avait eu cette idée de génie de fabriquer, pour l'armée, des cuirs avec du carton, des chiffons et de vieilles éponges. Il en était résulté que vers 1872, il se retira des affaires industrielles, décoré de la légion d'honneur, riche de quinze millions, et qu'il acheta le domaine de Vauperdu, afin de se vouer tout entier à l'agronomie, ainsi qu'il disait pompeusement.

Le domaine de Vauperdu est un des plus beaux qui soient en Normandie. Outre le château, imposant spécimen de l'architecture du seizième siècle, et les réserves considérables en bois, herbages, terres arables qui l'entourent, il comprend vingt fermes, cinq moulins, deux forêts et des prairies, le tout d'un revenu net de quatre cent cinquante mille francs.

Après avoir vendu ses tanneries et corroyeries, M. Lechat vint s'installer à Vauperdu, avec sa femme qu'il avait épousée, n'étant encore qu'un pauvre ouvrier — de quoi il se repentait furieusement aujourd'hui. Mme Lechat, au même degré que M. Lechat, manquait d'élégance, d'orthographe et de grâces mondaines, mais sous la robe de soie et le chapeau à la mode gauchement portés, elle était restée la paysanne simple, honnête, de bon sens, d'autrefois, et M. Lechat dans sa transformation subite de tanneur en gentilhomme terrien souffrait beaucoup, quoiqu'il affichât des opinions républicaines très avancées, de l'infériorité sociale de sa femme, et il s'irritait de ce qu'elle marquât trop, la naissance peuple et le passé de roture.

On ne possède pas, dans un pays, quatre cent cinquante mille francs de rentes en terre, sans qu'une grande notoriété ne s'ensuive. Lechat était donc le personnage le plus connu de la contrée, étant le plus riche et il ne se passait pas de minutes qu'à dix lieues à la ronde, partout, on ne parlât de lui. On disait : « Riche comme Lechat. » Ce nom de Lechat servait de terme de comparaison forcé, d'étalon obligatoire, pour désigner des fortunes hyperboliques. Lechat détrônait Crésus et remplaçait le marquis de Carrabas. Pourtant on ne l'aimait point, et bien que les campagnards s'empressassent de le saluer obséquieusement, tous se moquaient de lui, le dos tourné, car il était grossier, taquin, fantasque, vantard et très *fier*, sous des dehors familiers et des allures de bon enfant qui ne trompaient personne. Il avait une manière de faire le bien tapageuse et maladroite, qui déroutait les reconnaissances, et ses charités, inhabiles à masquer l'effroyable égoïsme du parvenu, au lieu de couler dans l'âme des pauvres gens, un apaisement, leur apportaient la haine, tant elles étaient de continuelles insultes à leurs misères. Du reste, trois fois il s'était présenté aux élections et, trois fois, malgré l'argent follement gaspillé, il n'avait pu réunir que trois cent voix sur vingt-cinq mille. Tels étaient les renseignements que j'avais recueillis sur M. Lechat dont le nom, sans cesse, revenait dans les conversations du pays.

Un jour, je l'avais rencontré par hasard. Ce jour-là, M. Lechat ne me quitta pas et me prodigua toutes les vulgarités de sa politesse. Il voulait me recevoir à Vauperdu, me faire les honneurs de ses exploitations agricoles, et comme je prétextais de ma sauvagerie, de mes goûts sédentaires, de mes occupations...

— Ta!... ta!... ta!... m'avait-il dit, en me tapant sur l'épaule... Je vois ce que c'est... vous ne pouvez me rendre mon hospitalité, hein?... C'est cela qui vous gêne?.. Eh bien, vous me revaudrez cela, en parlant de moi, dans les journaux!

Le tact exquis de M. Lechat m'avait vaincu.

La voiture roulait sur une large avenue, plantée d'ormes magnifiques, au bout de laquelle, dans le soleil, le château de Vauperdu montrait ses toits inclinés aux arêtes historiées, et sa belle façade de pierre blanche et de briques roses.

— Ah! nous sommes arrivés, mon vieux, s'écria M. Lechat... Eh bien! qu'est-ce que tu dis de mon coup d'œil?

*
* *

Un vieil homme à barbe grise, voûté,

toussant, qui, les mains croisées derrière le dos, se promenait sur le perron, de long en large, se précipita à notre rencontre. Respectueusement il aida M. Lechat à descendre de voiture.

— Eh bien ! père la Fontenelle, as-tu été chercher le vétérinaire, pour la vache ?

— Oui, monsieur Lechat.

— D'abord, ôte ton chapeau... Est-ce dans ton monde qu'on apprend aux domestiques à parler aux maîtres la tête couverte ?... C'est bien... Et qu'est-ce qu'il a dit, le vétérinaire ?

— Il a dit qu'il fallait abattre la vache, monsieur Lechat.

— C'est un serin, ton vétérinaire... Abattre une vache de cinq cents francs !... Tu me feras le plaisir, mon père la Fontenelle, de conduire la vache, toi-même, tu entends !... toi-même, au rebouteux de Saint-Michel... et tout de suite... Allons, hop, monsieur le comte !

Le vieil homme salua, et il allait s'éloigner, quand Lechat le rappela par un *psitt*, comme on fait pour les chiens.

— Je permets, lui dit-il, que tu remettes ton chapeau sur la tête, et même ta couronne, si tu ne l'as pas vendue avec le reste... Décampe maintenant.

Et, se tournant vers moi, ce farceur de Lechat m'expliqua que le vieil homme était son régisseur, qu'il s'appelait authentiquement le comte de la Fontenelle, et qu'il l'avait ramassé, ruiné, sans ressources, pour le sauver de la misère.

— Oui, mon vieux, conclut-il, c'est un noble, un comte !... Voilà ce que j'en fais, moi, de tes comtes !... Oh ! elle en voit de rudes, chez moi, la noblesse !... N'empêche qu'il me doit la vie, ce grand seigneur, hein ?... Entrons...

Le vestibule était immense, un escalier monumental, orné d'une rampe à balustres de vieux chêne, conduisait aux étages supérieurs. Des portes s'ouvraient sur des enfilades de pièces, dont on apercevait les meubles vagues, recouverts de housses, et les lustres emmaillotés de gaze métallique. En face de la porte d'entrée, le plan du domaine, énorme carte, teintée de couleurs voyantes, occupait tout un panneau.

— Tiens me dit Lechat, le voilà, mon plan. Mes champs, mes forêts, tu les vois comme si tu te promenais dedans... Ces carrés rouges, ce sont mes vingt fermes... Amuse-toi à regarder, pendant que je vais prévenir ma femme... Tu sais, ne te gêne pas, regarde tout... Veux-tu te débarrasser de ton chapeau?... A gauche, là-bas, le porte-manteau... ne te gêne pas... Dis donc, ne vas pas te figurer que ma femme soit comme les dames de Paris... C'est une paysanne, je t'avertis, elle manque d'usage... Vois-tu ça, noir?.. c'est ma distillerie... Veux-tu t'asseoir?.., ne te gêne pas.

Autour de moi, peu de meubles, de grandes armoires d'acajou, des tables, des fauteuils d'osier, des banquettes en cuir et quelques tableaux de chasse, mais sur les armoires, sur les tables, au-dessus des tableaux, partout, des oiseaux empaillés en des attitudes dramatiques, qui portaient, pendues à leur col, des plaques de cuivre sur lesquelles étaient gravées des inscriptions comme celle-ci :

HÉRON ROYAL
tué par
M. THÉODULE LECHAT,
propriétaire du domaine de Vauperdu,
dans sa prairie du Valdieu,
le 25 septembre 1880.

Je remarquai aussi, dans une jardinière de marbre qui se creusait au bas d'une grande glace, des sabots, des pantoufles, des socques de caoutchou, tout un pêle-mêle d'objets bizarres et affreux.

Lechat ne tarda pas à revenir accompagné de sa femme. C'était une personne petite, grosse et souriante qui roulait plutôt qu'elle ne marchait. Elle avait des yeux qui ne manquaient ni de finesse, ni de franchise, et un bonnet immense que surmontaient des fleurs en paquet et dont les brides larges battaient à ses épaules comme des ailes. Mme Lechat fit deux révérences, et me dit d'une voix un peu rauque :

— Vous êtes bien aimable, Monsieur, bien aimable d'être venu voir Lechat... Ah ! il a dû vous en raconter des histoires et des histoires, mais il ne faut pas faire attention à ce qu'il dit, allez !... Il n'y a pas de plus grand blagueur, de plus grand espiègle... Ça lui nuit quand on ne le connaît pas, et, dans le fond, il est bien moins mauvais qu'il le paraît... C'est une manie qu'il a comme ça de parler à tort et à travers... Il ne sait quoi inventer, mon Dieu !... Quand ça le prend, il va, il va, il ne s'arrête pas...

Lechat balançait la tête, haussait les épaules et me regardait en clignant de l'œil, sans doute pour m'engager à ne pas écouter les sornettes de sa femme.

— Vous avez là, dis-je à Mme Lechat, afin

de détourner le cours de la conversation, vous avez là une propriété superbe.

Mme Lechat soupira.

— C'est trop grand, voyez-vous... Je ne peux pas m'habituer dans des bâtisses si grandes... On s'y perd... Et puis ça coûte bien de l'argent, allez !... Lechat s'est mis dans la tête de cultiver lui-même... Il ne veut rien faire comme personne... C'est des inventions nouvelles, tous les jours, des machines à vapeur, des expériences !... Ah ! l'argent file avec tout cela, ce n'est rien que de le dire... Je sais bien que le blé ne se vend pas... le monde n'en veut plus et ce n'est point avantageux d'en récolter... Mais, ne voilà-t-il pas que Lechat s'est imaginé de semer du riz à la place ! Il dit : « Ça pousse bien en Chine, pourquoi ça ne pousserait-il pas chez moi ? » Ça n'a point poussé, comme de juste... Et pour tout, c'est la même chose.

Un domestique entra.

— Eh bien ! mon garçon, le déjeuner est-il prêt? interrogea-t-elle. Et se retournant aussitôt vers moi, elle me demanda : Vous devez avoir faim, depuis ce matin que vous êtes en route ?... Ah! dame, chez nous, vous savez, à la fortune du pot!... Parce qu'on est riche, ce n'est point une raison de ne manger que des truffes et de gaspiller la nourriture... Allons déjeuner!... Dis donc, Lechat, ce monsieur boit sans doute du cidre ?

— Certainement qu'il boit du cidre, affirma résolument Lechat qui m'entraîna dans la salle à manger, en me répétant, tout bas à l'oreille.

— Ne fais pas attention à la patronne ; elle n'a pas d'usage.

Le déjeuner fut exécrable. Il ne se composait que de restes bizarrement accommodés. Je remarquai surtout un plat fabriqué avec de petits morceaux de bœuf jadis rôti, de veau anciennement en blanquette, de poulet sorti d'on ne savait quelles lointaines fricassées, le tout nageant dans une mare d'oseille liquide, qui me parut le dernier mot de l'arlequin. Cinq ou six bouteilles de vin, à peu près vides, étaient rangées sur la table, devant Lechat qui, de temps en temps, les égouttait dans mon verre, en ayant soin, chaque fois, de déclarer qu'il ne « débouchait » le vin fin que le dimanche et seulement, en semaine, quand il avait du monde.

Abasourdi par ce que, depuis une heure, je voyais et entendais, je ne savais, en vérité quelle contenance me donner. Devant ces deux pauvres êtres, égarés dans les millions par une inquiétante ironie de la vie, une grande mélancolie m'envahissait, et, en même temps, la puanteur de la richesse malfaisante et sordide me soulevait le cœur de dégoût. A cela venait s'ajouter l'amer sentiment de l'inanité de la justice humaine, de l'inanité du progrès et des révolutions sociales qui avaient pour aboutissement : Lechat et les quinze millions de Lechat ! Ainsi c'était pour permettre à Lechat de se vautrer stupidement dans l'or volé, dans l'or immonde, que les hommes avaient lancé aux quatre vents des siècles les semences de l'idée, et que la rosée sanglante était tombée, du haut des échafauds populaires, sur la vieille terre épuisée et stérile ! Et par la baie ouverte de la salle à manger, qui encadrait, comme un tableau, la fuite douce des pelouses vallonnées et les massifs des futaies bleuissantes, il me semblait que je voyais s'acheminer, de tous les points de l'horizon, les cortèges maudits des misérables et des déshérités, qui venaient se broyer les membres et se fracasser le crâne contre les murs du château de Vauperdu. Je restais silencieux, aucun mot ne m'arrivait aux lèvres.

Tout à coup, Lechat s'écria :

— Quand je serai député... Oui, quand je serai député...

Il acheva sa pensée, en faisant tournoyer sa fourchette, au-dessus de lui. Sa femme le regarda d'un air de pitié, haussa les épaules à plusieurs reprises.

— Quand tu seras député, répéta-t-elle... Député, toi !... Ah ! oui, député !... tu es bien trop bête !...

Puis elle me prit à témoin.

— Je vous le demande, monsieur... Est-ce raisonnable de dire des choses comme ça ? Tel que vous le voyez, il s'est porté trois fois... Et les trois fois, il n'a pu attraper que trois cents voix !... J'en aurais eu honte, moi, à sa place, bien sûr ! Mais savez-vous ce que ces trois cents voix nous ont coûté ?... Six cent mille francs, monsieur, aussi vrai que cette bouteille est là... Oh ! j'ai fait le compte, allez !.. C'est six cent mille francs et pas un sou de moins... c'est-à-dire que ça remet la voix, l'une dans l'autre, à deux mille francs. Et il parle de se porter encore !... Tenez, vous ne pourriez jamais vous imaginer ce qu'il a inventé, à la dernière fête du 14 juillet, comme manifestation, à ce qu'il dit... Eh bien! il a fait peindre en tricolore tous les troncs des arbres de l'avenue...

Lechat souriait, se frottait les mains, semblait heureux qu'on rappelât un de ses hauts faits, une de ces idées supérieures, comme il lui en sortait quelquefois du cerveau. Il cherchait dans mon regard une approbation, un enthousiasme.

— C'est un coup, ça, hein? me dit-il... mais est-ce que les femmes entendent quelque chose à la façon dont on doit mener le peuple... Ecoute-moi, mon vieux... Cette fois-ci, je serai nommé, et ça ne me coûtera pas un centime... J'ai un plan de combat, tu verras mon plan!... Je me porte comme agronome socialiste... Je suis le candidat de l'agronomie radicale! Plus d'armée, plus de justice, plus de percepteurs, je biffe tout cela... Plus de pauvres, tous propriétaires!... Tu verras mon plan, plus tard, au moment des élections... Non, mais ce que ça va leur couper la chique aux curés... Ah! j'oubliais, plus de curés non plus!...

car c'est les curés qui m'ont empêché de passer, parce que je suis libre-penseur, moi ; parce que je ne mange pas de leur bon Dieu, moi !... Ah ! ils riront, avec mon plan de combat, les calotins !...

A ce mot, Mme Lechat s'emporta et cria :

— Tais-toi... Je te défends d'appeler les prêtres ainsi et de dire du mal de la religion devant moi, tu entends... Mon Dieu ! avec lui, c'est pire qu'avec les enfants !... Ne croyez pas qu'il soit irréligieux, monsieur... mais quand il se trouve en compagnie, c'est plus fort que lui, il faut qu'il se vante... Aussi, dès qu'il a le moindre bobo, tout est perdu, et vite, vite un prêtre ! Si on l'écoutait, ce pauvre monsieur le curé serait tout le temps chez nous, en train de l'administrer, quoi !

Pour dissimuler la gêne où le mettaient les reproches de sa femme, Lechat tambourinait sur le bord de son assiette, suivait, au plafond, le vol d'une mouche, et négligemment sifflotait un air. Puis il toussa, et brusquement changea la conversation.

— C'est dommage, me dit-il, que tu ne sois pas venu au château, il y a quinze jours... J'ai dansé le cancan, tu aurais vu si je danse le cancan ! Comme à Paris, mon vieux !

Et, se trémoussant sur sa chaise, il se mit à lancer ses bras en avant, et à leur imprimer des mouvements grotesques.

— Ah ! je te conseille de te vanter encore de cela, soupira Mme Lechat, car c'est de ta faute, avec ton cancan, si nous n'avons pas nos chemises... Je vous en fais juge, monsieur... Tous les mois, nous recevons ces messieurs de la ville... Ce sont des messieurs très aimables et leurs dames aussi... M. Gatinel, le conservateur des hypothèques surtout est très gai... Ça, c'est vrai qu'il sait faire rire les gens... Figurez-vous qu'il joue du piano avec les pieds, avec le nez, avec tout, et qu'il en joue très bien... Moi, il m'amuse, M. Gatinel... et puis tout ce qu'il dit est si drôle !... Eh bien, ces messieurs étaient donc venus et leurs dames aussi, il y a quinze jours... Après le dîner, on s'est mis à danser... une idée, quoi, qui leur avait passé par la tête !... Il faisait chaud, si vous vous souvenez, et dame ils suaient ! ils suaient !... c'était affreux de voir comme ils suaient... On avait pourtant ouvert les fenêtres... Mais il y avait un fort orage dans l'air !... Et puis, on se trémoussait aussi... C'était gentil !... Quand on s'amuse bien, n'est-ce pas, le temps s'en va, et on oublie tout... Nous avions oublié l'heure du train !... Je me dis : « Mon Dieu, il va falloir coucher tous ces gens-là, ce n'est pas une petite affaire... On a beau avoir beaucoup de chambres, c'est les draps souvent qui manquent, et des draps pour seize personnes, c'est à en perdre la tête !... Tant pis !... Enfin on arrive tant bien que mal à les caser... Seulement, pensez donc, ce n'était pas le tout... Il fallait des chemises aussi à tous ces gens-là, car vraiment, leurs chemises à eux, étaient si mouillées, si mouillées, qu'on aurait dit qu'elles sortaient de la lessive... Lechat en prête des siennes aux messieurs ; moi, j'en prête des miennes aux dames. Puis, je fais sécher, toute la nuit, dans le four, leurs chemises à eux, en me disant qu'ils pourraient bien les remettre le lendemain... Le lendemain les chemises étaient sèches comme de juste. Mais, si vous aviez vu cela, elles étaient sales, sales, toutes fripées, de vrais torchons. Il n'y avait pas moyen, pas moyen... Alors Lechat reprêta des chemises de jour aux messieurs... Et voilà tout le monde parti bien content !... Eh bien ! mon cher monsieur, il y a quinze jours de cela, et ils gardent toujours nos chemises !... Vous direz ce que vous voudrez, moi, je trouve que ce n'est pas délicat... On a beau avoir une forte lingerie, c'est que seize chemises ça compte dans un trousseau...

Le déjeuner était fini. Nous nous levâmes

de table, et Lechat, prenant mon bras, m'entraîna très vite, en me disant qu'il allait me montrer ses exploitations agricoles... Et nous partîmes...

* * *

Débarrassé de sa femme, Lechat était redevenu gai, vif, loquace et plus vantard que jamais. Il me supplia de ne pas croire un mot de ce qu'elle avait raconté pendant le déjeuner et m'affirma sur l'honneur qu'il était libre-penseur, qu'il ne croyait ni à Dieu, ni au diable, et qu'au fond il se moquait pas mal du peuple, quoique socialiste... Il me confia aussi qu'il avait une maîtresse à la ville, pour laquelle il dépensait beaucoup d'argent, et que toutes les belles filles de la campagne raffolaient de lui.

— Ah! la pauvre femme, conclut-il, comme je la trompe! comme je les trompe toutes!

Nous visitâmes les étables, les écuries,

la basse-cour, et il ne me fit grâce ni d'une vache, ni d'une poule, disant le nom de chaque bête, son prix, ses principales qualités. En traversant le parc, il voulut bien m'apprendre qu'il possédait douze mille chênes de hautes futaies, trente-six mille sapins, vingt-cinq mille neuf cent soixante douze hêtres. Quant aux chataigniers, il en avait tant, qu'il ne pouvait en savoir le nombre exact. Enfin, nous débouchâmes sur la campagne.

Une grande plaine s'étendait devant nous, rase, sans un brin d'herbe, sans un arbre. La terre, unie comme une route, avait été soigneusement hersée et passée au rouleau ; le vent y soulevait des nuages de poussière qui se tordaient en blondes spirales, et s'échevelaient dans le soleil. Je m'étonnai de n'apercevoir, en plein mois d'août, ni un champ de blé, ni un champ de trèfle...

— Ce sont mes réserves, me dit Lechat... Je vais t'expliquer... Tu comprends, je ne suis pas un agriculteur, moi ; je suis un

agronome... Saisis-tu bien la différence?...
Cela veut dire que je cultive en homme intelligent, en penseur, en économiste, et pas en paysan... Eh bien! j'ai remarqué que tout le monde faisait du blé, de l'orge, de l'avoine, des betteraves... Quel mérite y a-t-il à cela, et au fond, entre nous, à quoi ça sert-il?... Et puis le blé, les betteraves, l'orge, l'avoine, c'est vieux comme tout, c'est usé... Il faut autre chose; le progrès marche, et ce n'est pas une raison parce que tout le monde est arriéré pour que, moi Lechat, moi, châtelain de Vauperdu, riche de quinze millions, agronome socialiste, je le sois aussi... On doit être de son siècle, que diable!... Alors j'ai inventé un nouveau mode de culture... Je sème du riz, du thé, du café, de la canne à sucre... Quelle révolution!... Mais te rends-tu bien compte de toutes les conséquences!... Tu n'as pas l'air de comprendre? Avec mon système, je supprime les colonies, simplement, et du même coup, je supprime la guerre!... Tu

es renversé, hein! tu n'aurais jamais pensé à cela, toi?... On n'a plus besoin d'aller au bout du monde pour chercher ces produits... Dorénavant, on les trouve chez moi... Vauperdu, voilà les véritables colonies! C'est l'Inde, c'est la Chine, l'Afrique, le Tonkin... Seulement, je l'avoue, ça ne pousse pas encore... Non... On me dit : « Le climat ne vaut rien... » De la blague! le climat ne fait rien à l'affaire... C'est l'engrais. Tout est là... Il me faut un engrais, et je le cherche... J'ai un chimiste, pour qui j'ai fait bâtir, là-bas, derrière le bois, un pavillon et un laboratoire... C'est lui qui cherche, depuis trois ans... Il n'a pas trouvé, mais il trouvera... Ainsi, ce que tu vois là, c'est du riz, tout cela c'est du riz... Moi, je crois une chose, c'est que les oiseaux qui en ont assez du blé, depuis le temps qu'ils en mangent, se sont jetés sur le riz et qu'ils n'en ont pas laissé un grain... Voilà ce que je crois... Aussi, je les fais tous tuer... Tu peux regarder, il n'y a plus un oiseau sur ma propriété...

J'ai été malin, je paie deux sous le moineau mort, trois sous le verdier, cinq sous la fauvette, dix sous le rossignol, quinze sous le chardonneret. Au printemps, je donne vingt sous pour un nid avec ses œufs. Ils m'arrivent de plus de dix lieues à la ronde... Si cela se propage, dans quelques années, j'aurai détruit tous les oiseaux de la France. Marchons... je vais te montrer maintenant, quelque chose de curieux.

Et faisant tourbillonner sa canne dans l'air, il se mit à arpenter la rizière à grandes enjambées, se baissant parfois pour arracher un brin d'herbe, qu'il rejetait, après l'avoir examiné, en disant :

— Non, c'est du chiendent.

Au bout d'une heure de marche sur la terre poussiéreuse et brûlante, nous arrivâmes devant un vaste champ tout vert qui, partant de la bordure d'une grande route, montait en pente douce, jusqu'à la lisière des bois... Et, pareil aux personnages des tragédies classiques, je demeurai stupide...

Sur le fond clair de la luzerne, se détachait en trèfle, d'un violet sombre, toutes les lettres, nettement dessinées, qui forment le nom de Théodule Lechat. Le nom était non seulement lisible sur la nappe verte, mais il semblait vivant. La brise, qui balançait l'extrémité des herbes, et les faisait onduler, comme des vagues, parfois agrandissait les lettres du nom, parfois les rétrécissait suivant sa direction et son intensité. Lechat, épanoui, contemplait son nom qui frissonnait, dansait et courait, étoilé çà et là de coquelicots, sur la mer de verdure éclatante. Il jouissait de voir ce nom magique, étalé à la face du ciel, exposé sans cesse aux regards des passants, qui, sans doute, s'arrêtaient devant ce nom, l'épelaient et le prononçaient avec une sorte de crainte mystérieuse... Ravi et charmé, il murmurait tout bas scandant chaque syllabe :

— Théodule Lechat ! Théodule Lechat !

Le visage rayonnant d'une joie triomphante, il se tourna vers moi :

— C'est trouvé, hein ?... J'ai fait venir, figure-toi, un jardinier célèbre de Paris pour semer ce champ, parce que, tu le penses bien, personne ici n'était capable d'un tel tour de force... C'est flatteur, n'est-ce pas, de voir son nom écrit comme ça ?... On se dit tout de suite en voyant ce nom : « C'est pas un mufle au moins, celui-là. » Et puis, si tout le monde signait ses champs, il n'y aurait plus de contestations dans la propriété ?... Viens par ici.

Nous longeâmes le champ de luzerne, pénétrâmes dans le bois à travers une jeune taille de châtaigniers, et comme nous atteignions une large allée, ratissée ainsi qu'une avenue de parc, nous vîmes venir une pauvresse dont le dos ployait sous le faix d'une bourrée de bois mort. Deux petits enfants, en guenilles et pieds nus, l'accompagnaient. Lechat devint pourpre, une flamme de colère s'alluma dans ses yeux et la canne levée, il se précipita vers la pauvre femme.

— Mendiante, voleuse, cria-t-il, qu'est-ce

que tu viens faire chez moi ? Je ne veux pas qu'on ramasse mon bois mort, je ne veux pas, misérable vagabonde !... Allons, jette ma bourrée... Veux-tu bien jeter ma bourrée, quand j'ordonne !

Il saisit le fagot par la hart qui le liait, et le secoua si violemment que la femme roula avec la bourrée sur la route.

— Et qu'est-ce qui t'a permis de fouler mes allées de tes sales pieds, dis ? continua-t-il. Tu crois peut-être que c'est pour toi que je les fais râtisser, hein, mes allées, vieille voleuse ?... Veux-tu me répondre quand je te parle !

La femme, toujours à terre, gémissait.

— Mon bon monsieur, je ne vous fais pas de tort. J'avons toujours ramassé le bois... Et personne, par charité, ne nous a rien dit... Nous sommes si malheureux !

—Personne, ne t'a rien dit, riposta le féroce châtelain en brandissant sa canne... Est-ce donc que je ne suis personne, moi ? Je suis M. Lechat, tu entends, M. Lechat de Vauperdu... Tiens, voleuse, tiens mendiante !

La canne tombait et retombait sur la vieille bûcheronne, qui pleurait, se débattait, appelait au secours, pendant que les petits enfants, effrayés, poussaient des cris déchirants... Et l'on entendait, entre des soupirs, et des sanglots, la voix de la pauvresse qui disait :

— Aïe ! aïe ! vous n'avez pas le droit de me battre, méchant homme... Aïe ! aïe ! Je vous ferai condamner par le juge de paix. Aïe ! aïe ! je le dirai aux gendarmes...

Lechat, au mot de gendarmes, s'arrêta net... Son œil, injecté de sang, prit une expression subite d'effroi, et son visage empourpré, tout à coup pâlit. Il tira de son porte-monnaie une pièce d'or, la glissa, presque suppliant, dans la main de la vieille.

— Voilà vingt francs, pauvre femme, lui dit-il... Tu vois, c'est vingt francs. Ha ! ha !... C'est beau, vingt francs, hein ?... Et puis, tu sais, ramasse du bois, tant que tu voudras... Tu as bien vu, dis !... C'est vingt francs... Quand tu n'en n'auras plus, tu viendras m'en demander. Allons, au revoir.

Nous rentrâmes au château, silencieux.

L'heure du départ approchait. Au moment de monter en voiture, Lechat me dit :

— Tu as vu, la vieille femme dans le bois?... Oui... Eh bien, son mari, c'est une voix de plus pour moi aux élections!... Qu'est-ce que tu veux? Aujourd'hui, il faut bien corrompre le peuple.

HISTOIRE DE MA LAMPE

A M. Etienne Grosclaude.

HISTOIRE DE MA LAMPE

Comme les jours raccourcissent beaucoup et que les soirées se font plus longues, la Renaude voulut bien m'expliquer que j'avais besoin d'une lampe, ne possédant que des chandeliers de cuivre. Je courus au bourg voisin pour en acheter une, et j'entrai chez Albaret, qui tient boutique de toutes sortes de marchandises, unebelle boutique, peinte en bleu par lui-même, et par lui-même ornée, au fronton, d'une Renommée décocative et vert pomme, laquelle laisse tomber de sa trompette, poétiquement transformée en corne d'abondance, mille choses plus bizarres les unes que les autres. D'ailleurs, il n'y a pas à s'y tromper, quelque objet qu'on désire se procurer, c'est chez Albaret qu'il faut le demander. Albaret est boulanger, bourrelier, charpentier, épicier, quincailler, peintre, mercier, libraire, menuisier ; il rempaille les chaises et raccommode les serrures, achète les vieux os, les verres cassés et les peaux de lapin, tient débit de boissons et de tabac. Il n'est pas un métier dans le monde qu'Albaret ne soit capable de remplir à la satisfaction générale, même celui de « rebouteux », et l'on rencontre dans le pays nombre de pauvres gens à qui cet homme unique, autant qu'universel, a, moyennant vingt sous, cassé bras et jambes. Aussi Albaret a-t-il grande réputation d'esprit. En revanche, il n'avait pas de lampes ; je crois même qu'il n'en avait jamais eu.

— Vous n'avez point de chance, me dit-il. Justement, j'ai vendu la dernière avant-z-hier. Mais ça ne fait rien... Je vas à la ville sûr le tantôt, et j'vas vous en rapporter une bié belle, bié belle, en machine blanche, avec des choses bleues dessus... C'est-y ça ? Ah ! les lampes ! c'est pas qu'on en vende des mille et des cents, mais pourtant la mode en vient.

Et ce disant, il m'invita, sans façon, à prendre la goutte. Je le remerciai, et il me sembla qu'il était fâché de mon refus. Cependant, il voulut bien m'accompagner jusque dans la rue, en m'accablant de politesses. J'avais fait déjà quelques pas, que je l'entendis crier :

— Hé ! monsieur, monsieur, c'est-y au pétrole ?

— Non, à huile.

— Faite excuses, c'est bié. J'vous la porterai demain à l'huile.

*
* *

Albaret était un gros homme, qui soufflait très fort et qui souriait toujours. Il avait un visage rose, boursouflé, un triple menton, les épaules étroites, un ventre énorme et des cheveux verts qui tombaient, en mèches plates, sur son front. Eté comme hiver, on le voyait revêtu d'une sorte de veston en velours à côtes, déchiré et graisseux, d'un pantalon de toile bleue déteinte et d'une casquette de soie — du genre de celles appelées casquettes à trois ponts — qui est la coiffure adoptée par les paysans normands ; seulement Albaret, en sa qualité d'homme d'esprit et d'homme d'importance, exagérait à plaisir le nombre et la hauteur des ponts, en tout bien tout honneur. Il était marié et sa femme, qu'on nommait l'*Arbalète*, lui donnait tous les ans un enfant, quelquefois deux. En ces occasions, on le plaisantait un peu au village, à cause de l'énormité de son ventre, mais il ne se fâchait pas et, tapant sur son ventre, il répondait gaiement :

— Eh ben, oui, si vous v'lez le savoirs c'est moi qu'accouche. Et y en a encore pu d'un là-dedans, allez.

Emerveillés de cet à-propos, les farceurs bourraient Albaret de claques et de coups de poing, ce qui est, comme on sait, dans les campagnes, le geste de l'enthousiasme, et disaient en se regardant finement.

— Ce sacré Albaret ! ce sacré Albaret !

Ce sacré Albaret était une vieille connaissance pour moi. Un jour, il avait fallu remettre un carreau à l'une des fenêtres de ma maison, et, tout naturellement, ce fut Albaret à qui je m'adressai pour cette opération. Il vint seul, d'abord. A peine entré, il s'assit, souffla, s'épongea et demanda à boire. Il but coup sur coup deux pintes de cidre, après quoi il examina la vitre brisée, fit de nombreuses suppositions sur la façon dont elle avait dû être brisée, prit des mesures en hauteur et en largeur, plaisanta la Renaude, puis, ayant bu une nouvelle pinte de cidre, il partit en promettant de revenir le lendemain. En effet, le lendemain, Albaret apparaissait flanqué de deux aides. L'un portait le carreau et la règle, l'autre le marteau, le diamant, le mastic et les pointes. Albaret ne portait rien que sa casquette, qui me parut encore plus haute ce jour-là que les autres jours. Il déposa les outils sur un meuble, le mastic sur une chaise, les pointes sur la cheminée et coucha le carreau sur la table avec des précautions infinies.

— C'est ça, dit-il, nous allons poser le carreau. A dix lieues à la ronde, il n'y a pas un feignant qui pose un carreau comme moi.

Il sortit, interrogea le temps, rentra, demanda du cidre, s'attabla avec ses deux aides, puis commença avec la Renaude une conversation mêlée de bourrades joyeuses qui menaçait de n'en plus finir. Tout à coup Albaret sembla inquiet, il se leva, regarda la croisée, puis le carreau et se grattant la tête :

— Bon sens de bon sens ! s'écria-t-il, je parie que le carreau n'est pas de mesure; il est trop petit, je parie qu'il est trop petit.

Les deux aides approuvèrent et dirent:

— Ça sepourrait ben qu'y serait trop petit.

Albaret cligna de l'œil, s'avança, se recula, faisant avec la main le geste de prendre des mesures :

— Pargué, s'il est trop petit !.. c'est facile à voir ... Il s'en faut... mon Dieu !... il s'en faut... de l'épaisseur d'une demi lame de couteau... comme qui dirait de cinq millimètres... c'est-y pas vrai, les gars ?

Les aides, hochant la tête, murmurèrent :

— Ça se pourrait ben qu'y s'en faut de cinq millimètres.

Et Albaret, se tournant vers moi :

— Je parie pour cinq millimètres !..

— Il est facile de vous en assurer, lui dis-je. Posez d'abord le carreau.

Mais Albaret ne l'entendait pas ainsi. Il se grattait la tête, allait de la croisée à la table, de la table à la croisée en répétant :

— Je parie pour cinq millimètres.

Impatienté, je me saisis du carreau et l'appliquai contre la croisée. Il s'adaptait très bien.

— C'est tout de même curieux, disait Albaret. J'aurais parié ma tête !... Ah ! il va, il va, ce sacré carreau ! Non ! mais c'est tout de même ben curieux... je reviendrons le poser demain.

Je fus obligé de le poser moi-même.

* *
*

Donc Albaret m'avait promis une lampe, et, après l'histoire du carreau, je n'étais pas sans inquiétude au sujet de cette importante affaire. Deux jours se passèrent, sans nouvelles d'Albaret ; le troisième jour, enfin, Albaret entra chez moi, triomphant.

— V'là la lampe, et l'huile, et tout ! cria-t-il en m'apercevant. Ah ! mais c'est une belle lampe ! c'est tout ce qui se fait de mieux ! Et il paraît que ça éclaire autant que le soleil... Attendez, j'vas vous montrer ça. Une rude acquisition, allez !

Et il déballa la lampe, le bidon d'huile,

les verres, les mèches, en faisant sur chaque objet une observation technique telle que : « Ça, c'est les mèches, on coupe le bout. » Après avoir tourné, retourné la lampe dans tous les sens :

— Attention, dit-il, nous allons manœuvrer l'instrument.

Sa grosse face rose souriait de satisfaction. Il versa l'huile, appuya la main sur le bec et remonta la lampe.

— Regardez voir, répétait-il, c'est gentil, c'est doux, c'est comme une montre.

Mais à peine eut-il lâché la clef que celle-ci se mit à tourner avec la vitesse d'une roue de transmission, pendant que l'huile, sortant de l'orifice et faisant un bruit de glou-glou gras, se répandait et coulait en larges filets jaunes sur la panse fleurie de la lampe.

— Elle est détraquée, votre lampe, dis-je à Albaret dont la physionomie exprimait le plus complet ahurissement.

Il se remit bien vite, haussa les épaules.

— Détraquée ! cette lampe, répondit-il.

Vous allez voir ça. Il faut qu'elle prenne l'huile, ça se comprend; mais quand elle aura pris l'huile, dans cinq minutes, vous serez étonné vous-même comment elle va. C'est une rude lampe, au contraire, et je m'y connais... une bien rude lampe !

On attendit cinq minutes. Et l'opération recommença, suivie du même phénomène.

— Vous voyez bien qu'elle n'a pas de piston.

Albaret me regarda d'un air de pitié.

— Mais si elle n'avait pas de piston, Monsieur, ça ne serait pas une lampe, et c'est une rude lampe... Seulement, il faut qu'elle prenne l'huile, et quand elle aura pris l'huile.. dans dix minutes... vous verrez qu'il n'y a nulle part une lampe comme ça... Pas de piston?... Vous voulez vous amuser... Pas de piston? Ça ne serait pas à faire !... Attendez voir un quart d'heure...C'est moi, Albaret, le premier lampiste du pays, qui vous le dis... Oui, dans une petite demi-heure, seulement.

L'expérience se renouvela plusieurs fois, toujours avec le même succès.

La Renaude riait aux éclats, et n'était pas fâchée de se venger un peu des plaisanteries d'Albaret.

— Ah! c'est une bien rude lampe! répétait-elle, en imitant la voix de l'infortuné lampiste... Eh bien, remporte-la! ta rude lampe!. et remets un piston, si tu peux... Tu ne feras pas mal aussi d'en mettre un à ta langue.

Il ne voulait pas se rendre, et criait :

— Il n'y a pas de piston qui tienne!... Je te dis, moi, que c'est l'huile... Ça se comprend, elle n'a jamais vu l'huile c'te lampe-là... Dans une petite heure seulement...

*
* *

Albaret resta huit jours sans revenir. J'appris qu'on ne le voyait plus au bourg. Il s'était enfermé dans une petite pièce, près du grenier, et travaillait, matin et soir, au raccommodage de la lampe, qu'il avait démontée, pièce par pièce, et qu'il se trouvait très embarrassé de reconstituer.

Enfin, il rapporta la lampe.

— J'aurais parié ma tête, oui, bien sûr, ma tête, que c'était l'huile. Cette fois-ci, par exemple, ça va comme sur des roulettes. Vous allez voir comment je sais remettre des pistons aux lampes. Tenez, vous pouvez la remonter vous-même... Prenez garde... plus doucement... Na... Ça marche, hein?

Maintenant la lampe semblait « marcher ». On l'alluma solennellement. Albaret triomphait.

— Jamais vous n'en aurez une meilleure, me dit-il, le visage tout épanoui de satisfaction. C'est une bien rude lampe !

Depuis ce jour, tous les matins, à dix heures, Albaret vient demander des nouvelles de la lampe. Il s'informe des mèches, du verre, de l'abat-jour, et à chaque réponse, il se tape la cuisse, rit, et dit : « Quelle lampe! quelle rude lampe! » Puis il vide une pinte de cidre, et s'en retourne.

Aujourd'hui, une femme pâle suivie de quatre enfants scrofuleux a pénétré dans le clos.

— Albaret est malade, m'a-t-elle dit, il est au lit avec la fièvre... Alors, il s'excuse bien auprès de monsieur, et c'est moi, l'Arbalète, qui viens pour savoir comment qu'elle va, la lampe.

LA TÊTE COUPÉE

A M. Jules Barbey d'Aurévilly.

LA TÊTE COUPÉE

Toute la journée, un vent aigre a soufflé de l'Ouest ; le ciel est resté bas et triste, et j'ai vu passer des vols de corbeaux... Maintenant il pleut... J'entends l'eau qui ruisselle des gouttières, et qui fouette les vitres de ma chambre... Les tuiles, soulevées, roulent sur le toit, tombent sur le sol détrempé ; dans la nuit, les pauvres arbres, sous l'effort du vent plus colère, gémissent et craquent... Je ne pense à rien... Un livre à demi ouvert sur mes genoux croisés, je suis assis devant la cheminée, où flambe le premier feu de la saison. Le livre glisse, je n'ai pas le courage de me baisser, d'étendre le bras, pour le ramasser... Et je sens que je m'engourdis... Puis je n'entends plus rien que des bruits vagues, des ronflements incertains. Autour de la chambre, le long de la plinthe, des belettes courent, bondissent, se poursuivent... Une femme portant une pannerée de pommes qui, toutes ont des visages d'enfants, saute à cloche-pied... puis c'est un lapin qui, assis sur son derrière, grossit, s'enfle comme un éléphant, en se tordant rire... Tout à coup, la fenêtre s'ouvre, et un homme que je ne connais pas apparaît. Il enjambe l'appui de la fenêtre, pénètre doucement dans la chambre, et s'assied près de moi. Cet homme a un très long nez, une redingote verte, un chapeau gibus sans ressorts... Il me fait signe qu'il veut parler... Je l'écoute.

« Avez-vous été à l'Odéon, monsieur, me dit-il, et avez-vous remarqué que les femmes qui viennent là sont les plus affreuses créatures du monde? Pourquoi? je n'en sais rien, mais cela est ainsi. Eh bien ! parmi ces femmes laides, vous ne pourriez en trouver une qui fût aussi laide que ma femme. Elle est si laide, ma femme, si laide, que lorsque nous nous promenons dans les rues, le dimanche, les passants se détournent et ricanent. A dix-huit ans, elle semblait en avoir quarante. Le teint fané, l'œil cerclé de bagues rouges, le nez mince et plat à sa naissance, gros et violet à son extrémité; des lèvres pareilles à une entaille dans de la chair malade; un menton mou qui, chaque fois qu'elle parle ou mange, tremblote et disparaît dans la bouche, comme si la nature avait oublié de la pourvoir de dents et de mâchoires : tel est l'exact portrait de ma femme. Ajoutez qu'elle est maigre, tellement maigre que l'on dirait qu'elle est restée à état d'ébauche — et encore une ébauche d'ébauche. Alors, pourquoi me suis-je marié? Ah! oui, pourquoi? Est-ce qu'on sait pourquoi l'on se marie, pourquoi l'on aime, pourquoi l'on n'aime pas, pourquoi l'on fait ceci plutôt que cela, pourquoi l'on vit, enfin? Est-ce que l'on sait quelque chose? J'étais tranquille, aussi heureux que peut l'être un homme qui n'a pas d'argent et qui, toute sa vie est condamné à travailler dans un Ministère. N'ayant pas de besoins, je n'avais pas d'ennuis, pas de responsabilités, et c'est le seul bonheur que puisse ambitionner un pauvre diable de ma condition.

Quand je réfléchis à ce qui m'est arrivé, je crois bien que ce qui me décida à me mettre cette corde — je devrais dire cette ficelle — au cou, ce furent les mains de ma femme, des mains admirables, longues et nerveuses, aux doigts souples et relevés légèrement du bout, des mains qui parlaient, je vous assure, et qui souriaient, et qui chantaient. Vous ne pouvez vous faire une idée de leur grâce, de leur élégance, de leur séduction, soit qu'elles tinssent l'aiguille à tapisserie, soit qu'elles versassent le thé, soit qu'elles tournassent les feuillets d'un livre, soit même qu'elles voltigeassent, comme des ailes, sur les touches du piano. J'ai lu quelque part que, bien souvent, l'âme, la pensée, l'intelligence des hommes se réfugient dans leurs mains ; c'est là qu'est leur cœur, leur cerveau. Vous allez me prendre pour un fou, mais sérieusement, je pensai que l'âme de ma fiancée, son esprit, sa bonté, sa beauté résidaient en ses mains, et elle en fut aussitôt tout illuminée et pour ainsi dire transfigurée. J'oubliai ses imperfections et ses hideurs. D'abord, je ne regardais jamais son visage, je ne voyais que ses mains. Ce n'était pas dans ses yeux que je cherchais à surprendre une émotion, un élan d'amour, une prière ; c'était dans ses mains qui, tour à tour, avaient des agilités d'oiseau, des gravités de sainte, des troubles d'amante, des dévouements d'épouse. Je lui donnai, un jour, une petite bague formée de deux perles blanches : et ces deux perles me faisaient l'effet de deux larmes, ces larmes de bonheur et d'extase qui, si doucement, tombent des yeux heureux et reconnaissants.'

Quand je la menai à l'autel, j'étais bien convaincu que ma femme l'emportait en beauté sur toutes les femmes belles de la terre, et quelqu'un qui m'eût parlé de sa laideur m'eût aussi prodigieusement étonné que si l'on avait traité, devant moi, la Vénus de Milo de monstre informe.

Hélas! ces poétiques illusions du premier amour s'évanouirent bien vite. Les mains de ma femme disparurent, et je ne me trouvai plus qu'en présence d'un visage hideux et grognon, si hideux et si grognon que j'aurais voulu devenir aveugle pour ne le point voir, sourd, pour ne pas entendre le bruit aigre qui en sortait. Je n'avais pas tardé à m'apercevoir qu'elle était aussi la créature la plus désagréable, la plus ridicule, la plus méchante qui se puisse rencontrer. Toujours des paroles dures, et des scènes. Il m'était impossible de rester cinq minutes avec elle, qu'une dispute — qui se terminait invariablement par des violences de sa part — n'éclatât aussitôt. Le peu de vaisselle que nous possédions passa dans ces bagarres. Un jour, elle me jeta au nez un plat d'épinards liquides, et j'ai encore, là, près de l'œil, la marque d'une carafe qu'elle me brisa sur la tête. Avec cela, ne s'occupant jamais de mes affaires, que je trouvais dans le plus grand désordre, ne soignant ni mon linge, qui n'était pas souvent blanchi, ni mes effets, qui gardaient, quinze jours, des accrocs et des taches. Quand je rentrais du bureau, bien des fois, elle ne m'avait pas attendu pour dîner, et je devais me contenter, la plupart du temps, d'un morceau de fromage desséché ou des pommes de terre de la veille.

Ce qui causait ces rages, ces emportements; ce qui, chaque jour, amenait entre nous ces scènes et ces diputes, toujours pareilles, c'était, vous l'avez deviné, le peu d'argent que je gagnais. Ma femme aurait désiré être riche, et voilà que j'étais pauvre, avec mes petits appointements de deux mille francs. Certainement, c'est peu. Mais les hommes n'échappent pas à leur destinée, et la mienne consiste à gagner deux mille francs. Je ne suis point né pour acquérir de la fortune, et je m'en consolais jadis, en me disant que chacun, sur la terre, est payé selon ses mérites. Ma femme ne voulait rien entendre à cette philosophie résignée, se prétendait la plus misérable des femmes, m'invectivait, réclamant toujours quelque argent, que je ne pouvais lui donner. Et elle me traitait d'avare, de grippe-sous, de sans-cœur.

L'argent ! ce mot retentissait à mes oreilles, toutes les minutes. Je n'entendais jamais que le tintement de ce mot qui, à la fin, avait pris comme une sonorité d'écus remués. Je n'étais pas plutôt avec ma femme que ce mot déchaînait aussitôt son bruit métallique. Elle ne disait pas une phrase que mes oreilles ne fussent assourdies par ce mot qui tintinnabulait sans cesse et secouait sur moi l'agaçante et folle musique de ses mille grelots. « As-tu de l'argent?... Il me faut de l'argent... Ah! je voudrais de l'argent!... quand aurai-je de l'argent?... l'argent, l'argent, l'argent?... » Elle me disait bonjour avec ce mot, bonsoir avec ce mot. Ce mot sortait de ses soupirs, de ses colères, de ses rêves ; et quand elle ne l'articulait pas, je voyais, au mouvement de ses lèvres, qu'il était là, toujours là, frémissant, impatient, criminel.

Vous allez croire, sans doute que c'était pour faire marcher le ménage, avoir la vie plus grasse et moins exempte de privations, qu'elle était si ardente à l'argent ? Point. Si elle était laide, cela ne l'empêchait point d'être coquette ; et, si je n'ai jamais vu de femme plus hideuse, jamais, jamais je ne vis de plus coquette personne. Une toilette, un bijou aperçu à travers des vitrines éblouissantes, la faisait tomber en pâmoison. Elle eût sacrifié ma vie pour un manteau avec de la belle fourrure ; elle eût donné son âme pour une robe de dentelles semée de bouquets de fleurs. Il fallait la voir regarder, de ses yeux bordés de rouge, les étalages des bas de soie brodés, et les chapeaux joliment chiffonnés, qui, chez les modistes, se dressent fièrement au haut des champignons de palissandre ! En ces moments, son menton remontait dans sa bouche, si profondément qu'on n'en apercevait même plus la pointe, et sur son nez, qui remuait de désirs, s'allumaient des lueurs sombres, pareilles à celles qui brillent au nez des ivrognes. Ai-je besoin de vous dire, après cela, que tout notre argent était dépensé en fantaisies inutiles de toilettes ? Elle achetait des onguents, des pots de fard, des crayons, qui traînaient sur tous les meubles, avec des houppettes de poudre de riz et des flacons d'odeur. Ses journées, elle les passait, devant sa glace, à se maquiller, à se contempler, à essayer, tantôt une aigrette de plumes, tantôt un piquet de fleurs, se décolletant parfois, bien qu'elle ne sortît jamais, minaudant, derrière un éventail — un pauvre éventail japonais de quatre sous — et parlant, dans un bal imaginaire, à de beaux messieurs chimériques et absents. Quoique, pour lui permettre de satisfaire davantage ses ridicules caprices, j'eusse économisé quelques sous sur mes omnibus et mes déjeuners, il me fallut, plusieurs fois, avoir recours à l'obligeance d'un ami, afin de payer des termes en retard et les dettes criardes.

Je suis sûr que vous allez vous moquer de moi. Un autre eût quitté une pareille femme, il l'eût tuée peut-être ; moi, je me remis à l'aimer. Et je l'aimai d'autant plus violemment qu'elle était plus laide, plus hargneuse, plus ridicule que jamais. Je sentais qu'elle souffrait si réellement, privée de tout ce qui rend les femmes heureuses ! Ses aigreurs, ses colères, ses négligences, la vie intolérable qu'elle me faisait, je lui pardonnais tout cela, et je n'accusais que moi seul, moi l'imbécile, moi l'incapable de lui gagner une robe, un ajustement, un simple bracelet, comme en ont les femmes des autres ! Et puis son visage à la fois répugnant et comique soulevait autour de nous tant de moqueries cruelles, tant de plaisanteries blessantes, il y avait dans les yeux des gens qui la dévisageaient tant d'insultes, je voyais si bien la traînée de rires sonores qui allaient s'éparpillant et se perdant derrière elle, que j'éprouvais une immense et douloureuse pitié pour cette pauvre femme. Je l'aimai, oh ! oui, je l'aimai de tout ce qui la torturait, de tout ce qui la déshéritait, de tout ce qui l'enlaidissait. Que de fois, à mon bureau, en pensant à elle, en évoquant devant mes yeux son triste et irréparable visage, que de fois ai-je pleuré, l'âme en quelque sorte perdue dans un abîme de pitié sans fond !

C'est alors que je tentai de lui rendre la vie plus douce. Je m'ingéniai à me procurer des ressources supplémentaires auxquelles je n'avais point encore songé, à occuper mes heures de repos. Un avoué me donna des rôles à copier ; je pris, avec un agent de publicité, des arrangements pour faire des bandes ; une dame charitable m'employa à la comptabilité de ses petites affaires. Pendant sept ans, j'ai passé mes nuits au travail, dormant une heure à peine, ne mangeant pas, brisé de fatigue, mais heureux si, à la fin du mois, je pouvais apporter à ma femme, une centaine de francs, qu'elle dépensait aussitôt en pommades, en glycérine, en menus objets avec lesquels elle se parait, se maquillait, se pomponnait.

Elle n'avait point changé. Ses exigences étaient les mêmes ; les scènes, les disputes, les colères continuaient. Jamais il ne lui vint à l'esprit de me remercier, de me récompenser par un regard de bonté, une douce parole, un encouragement. J'étais toujours poursuivi, hanté, obsédé par ce mot : l'argent, qui se faisait plus dur, plus aigre, plus impérieux. Pauvre, pauvre chère femme, comme je t'aimais ainsi !

Pourtant, ma santé s'altérait ; peu à peu, je perdais mes forces. Il m'arrivait souvent de m'évanouir ; la mémoire aussi m'échappait ; l'intelligence se faisait plus lente, et je sentais, dans mon cerveau, comme un épaississement de ténèbres et des lourdeurs de nuit. Je rentrai un jour, chez moi, la tête affolée, les oreilles bourdonnantes, crachant le sang.

— Il s'agit bien de cela, s'écria ma femme. Tu vas te coucher, maintenant, propre-à-rien ! Et l'argent, tu sais qu'il me faut de l'argent demain, beaucoup d'argent ? Arrange-toi comme tu pourras !

De l'argent, beaucoup d'argent ! Je me rhabillai.

Il faisait nuit. Une pluie glacée tombait dans les rues miroitantes. Je marchais le long des boutiques, m'appuyant au rebord des devantures pour ne point m'écrouler sur le trottoir. J'avais comme une barre à l'estomac, et dans le cerveau quelque chose qui me brûlait. Je fus près de défaillir. Je m'arrêtai un instant sur un banc ruisselant de pluie, et tel était mon accablement que je ne sentais point l'humidité froide. Je n'éprouvai plus qu'une sensation vague des objets et des êtres. Tout passait devant moi, avec des formes indécises. Et cependant, à à mon oreille tintaient toujours ces mots, comme des sons de cloche lointaine : « De l'argent ! beaucoup d'argent ! » Alors, comment cela s'est-il fait ?

Je me souvins, avec une grande précision, qu'un de nos camarades du Ministère nous avait raconté qu'il avait touché, le matin même, trente mille francs de la succession d'une tante. Aucun des détails ne m'échappa, ni la joie bruyante de son récit, ni cette sorte de tendresse d'avare avec laquelle il avait, disait-il, enfermé, dans un petit meuble, les paquets de billets de banque, après les avoir comptés et recomptés. Je connaissais l'appartement de mon camarade et, là, sous la pluie, je voyais, dans une apothéose sanglante, le petit meuble en bois de chêne, près de la cheminée, tandis que les passants qui me frôlaient me semblaient emportés dans des fuites vertigineuses et folles. Je me levai. L'averse redoubla.

Comment arrivai-je chez mon ami, par quels chemins, en combien d'heures ou de minutes? Je n'en sais rien. J'ai beau rappeler mes souvenirs, je ne vois rien, ni les rues, ni les gens, ni les maisons. Il y a, dans ma mémoire, une lacune que je ne puis combler. Il était tard, cependant, quand j'entrai chez lui. Mon camarade me reçut dans sa chambre.

— J'allais me coucher, me dit-il.

Et je vis le meuble, le petit meuble en bois de chêne. Il me parut grand, si grand qu'il emplissait toute la chambre, crevait le plafond, montait dans le ciel. J'eus d'abord la pensée de demander de l'argent à mon ami, un billet de mille francs simplement. Je n'osai pas. Penché vers la cheminée, il ranimait le feu presque éteint.

— Sacré feu! disait-il; sacré feu!

Et la tête au ras du foyer, il soufflait dans les cendres qui s'envolaient et retombaient en pluie blanchâtre autour de lui. Alors, en face, j'aperçus, sur une table toilette, un rasoir...

Non, je n'oublierai jamais ce qui se passa alors, et je me demande encore si tout cela n'est point un affreux cauchemar.

M'emparant du rasoir, d'un bond, je m'étais précipité sur mon camarade que je renversai tout à fait et que je pris à la gorge, d'une étreinte furieuse des mains. Lui, se débattait, s'écriait à travers un râle étranglé :

— Georges, voyons, Georges, tu es fou. Finis donc !

D'un coup de rasoir, je lui coupai la tête, et le tronc, d'où un flot de sang s'échappait, gigota quelques secondes sur le parquet. Moi si faible tout à l'heure, moi qu'un enfant, d'une poussée de ses petits bras, eût jeté par terre, je me sentais dans tous les membres une force invincible. En ce moment dix gendarmes seraient venus au secours de mon camarade, que je les eusse, je crois, écrasés aussi facilement que des puces... Il me fallut briser le meuble, le joli meuble en bois de chêne, afin d'en retirer les billets... Ce fut un jeu pour mes poignets de fer... Mon camarade n'avait pas menti. Dans un tiroir, il y avait trente billets de mille francs, trente, attachés, par paquets de dix, avec des faveurs roses, ainsi que des lettres d'amour... Avec quelle tendresse il les avait confectionnés, ces paquets ! Comme il avait dû prendre les billets un par un, les appliquer symétriquement l'un contre l'autre, les lisser de la main, les égaliser de façon à ce qu'aucun ne dépassât !... Avec quel soin les nœuds étaient faits !... Chose singulière, moi qui n'observe jamais rien, et pour qui tout, dans la vie, est lettre morte, j'observai ces détails avec une parfaite lucidité, et j'en éprouvai une joie tranquille et complète... Rien ne surexcite l'intelligence, je vous assure, comme de tuer un camarade qui possède trente billets de mille francs... Le crâne que j'avais laissé sur le parquet, baignait dans une mare rouge... Je le pris délicatement par le nez, et m'étant assis sur une chaise, je l'insérai entre mes genoux comme entre les mâchoires d'un étau... A grand'peine je parvins à y pratiquer une ouverture par où je fis s'écouler la cervelle, et par où j'introduisis les billets de banque. Je me crus obligé de faire toutes les plaisanteries que la situation commandait, et que facilitait beaucoup le crâne de mon camarade, aussi précieusement bourré, et l'ayant enveloppé dans un journal, je sortis, chantonnant sur un air gai ces paroles qui me poursuivaient toujours : « De l'argent ! beaucoup d'argent ».

La pluie avait cessé, maintenant. Dans le ciel sombre, de gros nuages roulaient, tout blancs de lune. Les passants qui rentraient chez eux envahissaient les trottoirs. L'un d'entre eux me bouscula si violemment que je faillis laisser tomber le crâne que je portais, sous le bras, comme un paquet. Aucune boutique n'était ouverte, à l'exception des cafés dont les devantures luisaient, çà et là. J'avais soif, et résolument j'entrai dans une brasserie où, à travers la fumée des cigarettes et des pipes, je vis des gens accoudés à des tables, qui buvaient.

— A boire ! demandai-je.

Je posai le crâne sur la table, près de moi. Le sang avait détrempé le papier qui moulait la tête par places, et je retrouvais, sous la pâte sanglante, les lignes connues des pommettes et du menton. Même, le nez avait crevé l'enveloppe, et il apparaissait hors de la déchirure, tuméfié et burlesque... Ah ! si burlesque !

— A boire ! demandai-je de nouveau.

Le patron m'examina d'un œil louche. Son regard allait du crâne à mes mains rougies, du crâne à mes cheveux hérissés, du crâne à mes vêtements souillés. Il m'interrogea.

— Qu'est-ce que vous avez là ?

— Ça, dis-je, en tapant à plusieurs reprises sur le crâne, ça? C'est un cœur de veau, pour ma femme, un vieux cœur de veau.

— Mais il a un nez, votre cœur de veau! s'écria le cafetier.

— Certainement qu'il a un nez, mon cœur de veau! répondis-je. Hé! pourquoi n'en aurait-il pas, je vous prie?

Et m'enhardissant, ainsi qu'une boule je fis rouler le crâne, qui laissait sur le marbre, des traînées gluantes et roses.

J'avalai ma chope, et je partis.

Les rues étaient désertes. On n'entendait plus que la respiration lourde de Paris endormi, et de temps en temps, le pas monotone des sergents de ville qui battaient les trottoirs...

Or, monsieur, représentez-vous bien la scène.

Notre chambre est illuminée par l'éclat de vingt bougies; et ma femme a revêtu sa belle robe décolletée. Elle est là, à demi étendue sur un canapé, une rose dans les cheveux, ses épaules osseuses et ses petits bras maigres barbouillés d'une couche de blanc liquide; elle est là, qui minaude derrière son éventail japonais, fait des grâces et des révérences... Je m'approche... Mais en apercevant mes vêtements et mes mains couverts de sang, elle pousse un cri et toute tremblante d'effroi, s'affaisse, sans mouvement, sur le canapé,

Moi j'arrache le journal qui enveloppe la tête coupée, et la saisissant par les cheveux, je la secoue à petits coups, au-dessus de la robe de ma femme, sur laquelle les billets de banque tombent mêlés à des caillots de sang.

Alors, je la regarde. Elle est comme pétrifiée, avec ses yeux fixes tout grands ouverts dans leur cercle rouge. Pourtant son nez remue et son menton a complètement disparu dans la bouche. Je m'écrie :

— Ah! ah! ah! que je t'aime ainsi! Et que tu es laide!

Et j'éclatai de rire...

LE DUEL DE PESCAIRE
ET DE CASSAIRE

A M. Henry Becque.

LE DUEL DE PESCAIRE

ET DE CASSAIRE

Ce matin, deux journalistes, suivis chacun de deux messieurs enredingotés de noir et d'un médecin, se sont arrêtés dans une clairière du bois, à quelques pas de ma chaumière. Il s'agissait d'élections... L'un tenait pour un candidat qu'il ne connaissait guère ; l'autre pour un candidat qu'il ne connaissait point... C'est pourquoi ils allaient se battre.

On a retiré les épées de leurs gaînes de serge verte, choisi les places et... l'affaire s'est arrangée.

Je les ai rencontrés, comme ils s'en retournaient bras dessus bras dessous.

L'un disait à l'autre :

— A quoi bon ? Pour un homme qui nous paie mal !

— Et qui nous lâchera, la campagne terminée ! ajoutait l'autre.

Et tous deux conclurent.

— C'eût été trop bête !

Les deux adversaires me rappelèrent la terrible aventure qui illustra, au pays de Gascogne, les noms de Pescaire et de Cassaire.

⁂

Dans une petite ville du Midi, voisine de la république d'Andorre, deux journalistes polémiquaient furieusement. Le premier s'appelait Pescaire, et défendait la monarchie, cette année-là ; le second avait nom Cassaire, et combattait pour la République, en attendant mieux. Si peu que vous ayez lu de journaux de province, vous savez à quel ton aigu montent les polémiques. Pescaire affirmait que Cassaire était une canaille et un voleur; Cassaire ripostait en traitant Pescaire de crapule et d'assassin... Pescaire écrivait en tête de son journal : « Nous engageons le citoyen Cassaire à se tenir loin de notre vaillante canne. » Cassaire avait fait clicher en gros caractères l'avis suivant : « J'avertis l'ignoble Pescaire de ne pas exposer son derrière à portée de notre courageuse botte. » Mais il va de soi que ni la vaillante canne de Pescaire, ni la courageuse botte de Cassaire n'étaient disposées à entrer dans la lutte.

Pescaire eut alors une idée de génie. Il imagina d'insérer dans chaque numéro de sa feuille, immédiatement après le leading article, un entrefilets que surmontait, en guise de titre, un énorme point d'interrogation.

?

On nous écrit de Toulouse :

Il y a cinq ans, un sieur C.., petit employé dans une grande administration financière de notre ville, fut ignominieusement chassé de son emploi, parce qu'on s'était aperçu qu'il avait la déplorable habitude de crocheter les caisses et de voler les *titres*. Or, le sieur C... dirige aujourd'hui, dans une ville importante de notre région, un journal opportuniste.

Après son passage dans ladite administration, il possédait assez de *titres*, pour défendre un régime dont la principale occupation est de forcer les serrures du... budget, et de crocheter les portes des... couvents.

Le citoyen Cassaire, qui a longtemps habité Toulouse, pourrait-il nous donner des renseignements sur le fait énoncé par notre correspondant ?

A quoi Cassaire répliquait par l'article permanent que voici :

SIMPLES QUESTIONS

« Est-il vrai qu'un sieur P... ait habité Carcassonne ?

« Est-il vrai qu'il ait été obligé de quitter précipitamment cette ville à la suite d'une tentative de séduction sur une vieille dévote, SUIVIE DE VOL ?!!! ?

« Est-il vrai que l'INSTRUCTION JUDICIAIRE commencée ait été *étouffée*, grâce aux machinations des JÉSUITES ?

« Est-il vrai que le sieur P... rédige aujourd'hui un immonde JOURNAL CLÉRICAL ?

« PRIÈRE à l'ignoble Pescaire qui, à CETTE ÉPOQUE, faisait à Carcassonne on ne sait quel métier, de répondre à ces SIMPLES QUESTIONS ? »

En ville, on se délectait beaucoup de ces disputes et les bonnes âmes faisaient « Kiss ! kiss ! » comme s'il se fût agi d'un combat de chiens, ou d'un crêpage de chignons, entre harengères. Cela dura plus d'un an. Les commanditaires du journal monarchiste disaient émerveillés, en parlant de Pescaire : « notre Veuillot », et les souscripteurs de la feuille républicaine, ravis, ne manquaient jamais de qualifier Cassaire de : « notre Rochefort ». D'ailleurs, tout le monde s'accordait à vanter la bravoure non pareille des deux irréconciliables polémistes, et l'on se racontait, avec des frissons, les traits héroïques, les féroces aventures tirées de leur vie de jeunesse.

Pourtant il arriva que cette haine sauvage

parut se calmer : les accusations maintenant manquaient de force, les insinuations de perfidie, les allusions de portée. Peut-être se blasait-on, après tout. Mais non, la verve était tarie des mots orduriers et poissards. Et c'est avec dépit que l'on s'attendait à voir tomber la grande colère qui avait été la distraction des désœuvrés, le sport des flâneurs de la ville.

Tout à coup, on apprit que Pescaire avait envoyé des témoins à Cassaire !

Un duel ! un duel aurait lieu ! Etait-ce possible ? Un duel ! ce n'était plus l'encre qui coulerait, ce serait le sang ! L'émotion fut vive. Dès que la nouvelle du duel commença de circuler, chacun sortit de chez soi, alla aux renseignements. Sur le pas des portes, dans la rue, des groupes se formèrent, animés, inquiets, frémissants ; la promenade habituellement déserte à cette heure se couvrit d'une foule agitée ; en un instant, les cafés furent envahis. On s'abordait, anxieux.

— Eh bien ?

— On ne sait rien encore ! Il paraît que les témoins sont en conférence :

— Alors, c'est sérieux ? Il y a des témoins,... des témoins ?

— Le préfet a télégraphié à Paris !

— C'est évident, ça couvait depuis trop longtemps... Assez causé, la parole est à l'épée.

— On dit Pescaire de première force...

— Allons donc ! Cassaire a déjà eu vingt duels, dont cinq mortels... mortels !

— Ça sera chaud ! avec des gaillards comme ça...

— Ah ! voilà les témoins qui arrivent !... Pour sûr, ça y est !

En effet, les témoins, les quatre témoins entraient dans le café, graves, sombres, imposants. Ils évitèrent de répondre directement aux questions qui leur tombaient de tous les côtés, s'assirent, mystérieux, autour d'une table, et demandèrent du papier et de l'encre. Néanmoins, on sut péremptoirement que la rencontre aurait lieu en Andorre, qu'on se battrait au pistolet, et que ce serait terrible.

Pendant ce temps Pescaire et Cassaire, se promenaient, sur le Cours, à cinquante pas l'un de l'autre, chacun suivi de ses amis, chacun faisant des gestes farouches et roulant des yeux épouvantables.

Pescaire disait :

— Je le tuerai ; j'ai soif de son sang.

Cassaire hurlait :

— Il aura son compte ; il me faut sa vie.

Tous deux affirmaient :

— L'un de nous doit disparaître.

La difficulté fut de trouver des pistolets convenables. L'armurier ne possédait que des revolvers et des pistolets Flobert. Les armes, cependant, ne faisaient pas défaut dans la ville, mais à celle-ci le chien manquait, à celle-là, la gâchette, à toutes quelque chose d'essentiel. Les témoins durent se contenter d'une paire de pistolets d'arçon que proposa un ancien capitaine de gendarmerie, avec la manière de s'en servir.

— Qu'importe ! suppliait Pescaire, qu'on nous donne un fusil, une baïonnette !

— Un canon ! Une mitrailleuse ! implorait Cassaire.

Enfin, vers le soir, deux voitures sortaient de la ville, bruyamment escortées jusque dans la campagne par toute la population enthousiaste.

— Bonne chance ! Pescaire.

— Reviens-nous ! Cassaire.

Cette nuit-là, il y eut force coups de poing et force coups de pied, en l'honneur de l'indomptable Pescaire et de l'intrépide Cassaire.

Durant deux jours, la petite ville demeura plongée en une anxiété poignante. Comme pour les grandes fêtes ou les deuils publics, les boutiques restèrent fermées, les ouvriers chômèrent. Le besoin d'agir, d'être dehors, la curiosité de savoir avaient jeté tous les habitants dans les rues qui regorgeaient de monde, et sur le Cours qui grouillait de promeneurs. Cet événement, ainsi qu'il arrive au moment des angoisses patriotiques, rapprochait les familles brouillées, attendrissait les haines, confondait les classes. Chacun s'interrogeait :

— A-t-on des nouvelles de nos duellistes ?

Au café Soula surtout l'agitation prenait un caractère inquiétant. Là, des visages rouges discutaient, point par point, les chances de « nos duellistes ». Là on racontait des histoires de duel affolantes, épouvantantes, des morts affreuses, des agonies macabres, des carnages, des massacres, des boucheries. Tandis que les dominos rayaient, en grinçant, le marbre des tables chargées de bière, on n'entendait sortir des bouches enfumées de tabac que les mots : « Sang, cervelle en bouillie, tripes à l'air, cinq pouces de fer dans l'estomac », et Gaspard Gasparrou, un vieux sergent de pompiers, occupait l'attention des groupes ébahis en décrivant, dans l'air, avec son doigt, des dégagés et des contres de quarte.

Le troisième jour, au matin, comme on n'avait pas de nouvelles de « nos duellistes », on ne douta pas, aux cercles les mieux informés, que dans leur rage homicide, les deux belligérants ne se fussent réciproquement assommés. Le vétérinaire émit cette opinion que les quatre témoins, les deux médecins et les deux cochers, grisés par le sang et par la poudre, s'étaient probablement entretués.

A la préfecture, personne ne savait rien, ou ne voulait rien dire ; cependant le bruit courait que le télégraphe « avait joué » jour et nuit, que le chef de cabinet et deux conseillers de préfecture s'étaient tenus en permanence dans le grand salon de réception, que, deux fois, le capitaine de gendarmerie avait été mandé et qu'il était entré, en civil, par la petite porte dérobée du jardin. L'inquiétude grandissait, les suppositions les plus effroyables germaient dans les cerveaux, exaspérés par l'attente, troublés par les bocks de bière et les petits verres de cognac.

Enfin, le soir, le propriétaire du café Soula reçut une dépêche. La dépêche était ainsi conçue :

« Après plusieurs engagements terribles, Pescaire très grièvement blessé, bras cassé. Me porte bien. — Cassaire.

Bras cassé ! rien qu'un bras cassé ? et aucun n'était mort des duellistes, des témoins, des médecins, des cochers, aucun ! Un misérable et insignifiant bras cassé ! Et c'était tout ! C'était tout, quand il y avait tant de têtes, de poitrines et de ventres ! Et l'autre, le Cassaire, qui se portait bien et qui l'avouait ! Quelle lâcheté ! Alors toute cette ivresse d'héroïsme, toutes ces menaces, tout ce remuement d'une ville, tous ces récits enfiévrés ; alors, la préfecture en permanence, la gendarmerie sur pied, le télégraphe effaré, tout cela aboutissait à ce résultat ridicule, déshonorant : un bras cassé ?

un seul! et le gauche probablement? Oui, ça devait être le gauche!

Le désappointement fut général. Quelques-uns même ne cachèrent pas leur indignation. Gaspard Gasparrou suffoquait. Si, à ce moment, Pescaire, avec son bras cassé, et Cassaire, qui se portait bien, étaient entrés dans le café, ils eussent été hués, sifflés, assommés peut-être. Un avoué parvint à calmer l'effervescence en affirmant que beaucoup de duels, même à Paris, n'avaient pas toujours ce résultat sanguinaire, que mieux valait après tout, un bras cassé que rien du tout de cassé, et qu'il fallait se contenter de ce que l'on avait. Ce petit discours, sage et conciliateur, obtint beaucoup de succès, rallia tous les suffrages et l'on se prépara à recevoir « nos duellistes » avec un enthousiasme mitigé de raillerie.

**

Le lieu fixé pour la rencontre était, vous

vous souvenez, le territoire d'Andorre. La route, qui traverse en pleine montagne les jolis villages de Tarascon, d'Ussat, des Cabanes, la petite ville d'Ax où les sources d'eau chaude bouillonnent parmi les rocs sombres et les noirs sapins, est longue, pénible, parfois dangereuse surtout à la fin de l'automne, alors que les neiges commencent de tomber. Longeant les vallées étroites, elle ne tarde pas à grimper au flanc âpre des monts, court au bord des précipices, au fond desquels grondent les torrents. Les pics, d'un violet sourd, s'étagent dans le lointain, ceints d'écharpes de vapeur rose, coiffés d'immenses aigrettes de nuées. Ici ce sont des parties boisées de hêtres et de sapins aux verdures robustes; là des terres pelées, souffrantes où, de place en place, dans le schiste morne, poussent la bruyère chétive et le maigre rhododendron.

« Nos duellistes » ne songeaient point à admirer la nature, si impressionnante, pourtant, de ce coin des Pyrénées. Leur âme, dé-

barrassée des poésies inutiles, solidement
fortifiée par la politique, n'était plus guère
accessible à ces sensations artistes et vulgaires. Et puis, il faut bien le dire, ils
avaient d'autres préoccupations. A mesure
qu'ils s'éloignaient de la ville, qu'ils ap-
prochaient de ce redoutable pays d'Andorre,
leur exaltation, faiblissant peu à peu, s'était
tout à fait évanouie. Une sorte de malaise
moral, de froid intérieur, les saisissait, leur
faisait courir sous la peau de petits frissons
désagréables. Et l'inquiétude vint, qui elle-
même, bientôt, se transforma en une véritable angoisse. Comme ils ne voulaient rien
montrer de l'état de leur âme, « nos duellistes » se rencognèrent, chacun dans sa
voiture, faisant semblant de dormir, pendant que les témoins, très embarrassés de
leur rôle et craignant de se rendre ridicules
vis-à-vis de spadassins aussi exercés, pio-
chaient un code de duel que l'ancien capitaine de gendarmerie leur avait prêté, en
même temps que les pistolets d'arçon.

Non, ils ne dormaient pas « nos duellistes », oh! non. Pescaire se voyait déjà, étendu sur l'herbe, mort — car il ne doutait pas qu'il allait mourir. Il se représentait l'affreuse blessure de la balle, toute rouge, là, sous le sein gauche; et il se tâtait la poitrine, à cette place, et il croyait sentir au bout de ses doigts, la chair écrasée et le sang chaud qui se caillait!... Quelle folie aussi d'avoir provoqué Cassaire, l'invincible Cassaire, Cassaire protégé déjà par vingt duels, dont cinq mortels! Etait-ce assez bête à lui, pauvre diable, qui, malgré sa réputation de grand tireur, n'avait de sa vie tenu la poignée d'une épée, ni la crosse d'un pistolet... des jouets, de simples jouets aux mains de son ennemi!... Comme il était conscient de sa force, le sauvage! Quel calme, quelle assurance, quelle ironie!... Mais était-ce bien vrai qu'ils allaient se battre?... N'y aurait-il pas, au dernier moment, un évènement, un miracle, il ne savait quoi, qui empêcherait le duel?... Et l'infortuné Pescaire rêvait à de vagues cataclysmes... Peut-être que les montagnes s'ébouleraient tout à coup!... peut-être une guerre dont on apprendrait brusquement la nouvelle!... peut-être une révolution qui éclaterait comme un coup de foudre... peut-être la voiture de Cassaire qui roulerait au fond d'un précipice!.. Cette idée surtout le séduisait... Oh! si la voiture pouvait... Mais non, elle filait doucement, devant lui, au trot alenti de ses deux rosses... Alors quoi?... Mon Dieu, c'était épouvantable!

De son côté, Cassaire, qui, malgré ses vingt duels, dont cinq mortels, se trouvait exactement dans les mêmes conditions que Pescaire, claquait des dents et comptait les dernières minutes d'existence que voulait bien lui laisser, par pitié sans doute, cet adversaire farouche, que son imagination lui montrait affamé de meurtres, fauchant les têtes et trouant les poitrines avec une effroyable dextérité.

Ce ne fut que le lendemain soir, que les

deux voitures arrivèrent à l'Hospitalet, petit village, distant d'un kilomètre de la frontière Andorrane, et l'hiver, perdu dans les neiges. Là finit la route, qui se change en une sente caillouteuse, praticable seulement aux piétons et aux mulets.

Pendant que « nos duellistes », dans la salle de l'auberge, se chauffaient silencieux devant un grand feu d'écorces de sapin, l'aubergiste, montagnard robuste, à la face hardie de contrebandier, s'adressa à Pescaire.

— C'est vous, sans doute, messieurs, qui venez pour vous battre? demanda-t-il.

Pescaire frémit; Cassaire détourna la tête. Ils ne pouvaient plus entendre le mot, *se battre,* sans qu'un étranglement les serrât à la gorge.

— Oui, c'est nous, répondit Pescaire.

— Eh bien! je vais vous dire, continua l'aubergiste, après s'être assuré que la porte était bien fermée et que personne ne pouvait l'entendre... Hier, il est venu d'Ax un gendarme, de la part du préfet... Le gendarme s'est longtemps entretenu avec le sergent des douaniers... Et voici ce que j'ai appris... Demain matin, la frontière sera cernée... On ne peut pas vous empêcher de passer... mais on saisira vos armes... et alors, va te faire fiche !

A ces paroles, une joie divine inonda le cœur de Pescaire et de Cassaire. Ne rêvaient-il pas? « Et alors, va te faire fiche ! » mots délicieux ! Oh ! comme durant cette minute ils aimèrent l'aubergiste, le bon aubergiste, l'aubergiste colombe qui, dans son bec barbu, leur apportait le rameau d'olivier. S'ils avaient osé, ils l'eussent embrassé.

Mais l'aubergiste reprit :

— J'ai pensé à une chose... confiez-moi vos armes... je connais la passe... Et qu'est-ce qui sera coïon, demain, en vous fouillant? Ce sera le gabelou !

— Ce sera le gabelou... ce sera le gabelou, répétèrent machinalement Pescaire et Cassaire.

— Ça vous va-t-il comme ça ?

Triple brute ! non, ça ne leur allait pas du tout. Toutes leurs angoisses étaient revenues. Qu'avait besoin, ce sale aubergiste, d'avoir pensé à cela ? Et il paraissait enchanté de son idée, l'animal !

— Mais ne craignez-vous pas des complications... diplomatiques ! insinua Pescaire.

— Est-ce bien prudent ?... murmura Cassaire.

— Rapportez-vous en à moi, dit l'aubergiste... C'est mon affaire... Ni vu, ni connu et demain matin, nous nous retrouverons à un endroit fixé... En attendant, vous allez souper, je pense... J'ai justement là un fameux cuissot d'izard... avec une bonne bouteille de Rancio..

Pescaire et Cassaire refusèrent de prendre la moindre nourriture. Ils se retirèrent dans leur chambre. Ainsi, c'était donc fini ! Rien ne pouvait désormais les sauver de la mort. A cette heure suprême où reviennent les tendresses oubliées et les naïvetés charmantes des premières impressions, « nos duellistes » se reprochèrent de n'avoir pas, pendant ce voyage mortel, empli suffisamment leurs regards du spectacle des choses qu'ils ne reverraient plus. Ils ne reverraient plus ces montagnes superbes, ces coquets villages au toit plat, ces cascades blanchissantes, ce ciel gris-perle, où, petites taches bleues, planent les aigles et les balbuzards. Et les parties aux grottes d'Ussat, et les pêches au lac de Bethmale, et, tous les soirs, après dîner, le mazagran, la pipe qui se culotte lentement, les émotions de la poule au billard, et de la manille !

Pescaire pleura, pleura ; Cassaire, agenouillé au bas de son lit, pria, pria. Quelle nuit !

✦
✦ ✦

Aussi que l'avait prévu l'aubergiste, les douaniers, qui cernaient la frontière, furent bien obligés de laisser passer « nos duellistes ». Ils avaient ordre de saisir les armes. Or, en fait d'armes, ils n'avaient trouvé que les trousses des médecins, ce qui amena une longue discussion et de vifs pourparlers. Devait-on saisir ou ne devait-on pas saisir? Ces trousses pouvaient-elles être considérées comme des armes? Les uns tenaient pour que l'on saisît; les autres hochaient la tête d'un air de doute. Le sergent, très perplexe, après avoir minutieusement examiné sondes, lancettes et bistouris, estima que c'était effectivement des armes, mais « en considération de ce qu'il connaissait » l'un des deux médecins, il les autorisa à garder leurs trousses, pour cette fois seulement.

La petite troupe franchit le fossé qui sépare la France de l'Andorre, et se mit à escalader la Soulane, péniblement. Pescaire et Cassaire marchaient au hasard, trébuchaient contre les pierres roulantes, glissaient sur l'herbe ronde, la tête basse, le cœur vacillant. Le paysage, d'ailleurs, n'était pas fait pour ragaillardir l'esprit : des montagnes rasées, sans un arbre, des rochers, tristes, chauves, et au bas du ravin, sur un lit de cailloux, l'Ariège qui aboyait, sinistre et hargneuse.

Il avait été convenu qu'on retrouverait l'aubergiste sur un plateau de la montagne, le seul endroit convenable pour se couper la gorge à l'aise. En effet, le gaillard était là, souriant, gai, et, le plus tranquillement du monde, il mangeait, en attendant, un morceau de fromage de chèvre, sur un énorme morceau de pain bis. Dernière espérance envolée. Pescaire et Cassaire s'étaient dit : « Il ne passera pas, le damné aubergiste ; on l'arrêtera, les douaniers, les bons douaniers lui prendront nos armes. » Et il était là, et il riait, et il mangeait !

— Eh bien ! messieurs, cria-t-il joyeusement, ne vous l'avais-je pas promis... Ils n'y ont vu que du feu, les coïons ! Tenez, voilà les pistolets... Ah ! les coïons !

A la vue des armes maudites qui reluisaient

dans le soleil, « nos duellistes » manquèrent de s'évanouir. Pâles, les tempes humides et serrées, la poitrine haletante, la tête bourdonnante, ils ne voyaient plus rien, n'entendaient plus rien... Ils ne comprenaient plus pourquoi, près d'eux, des hommes faisaient sauter en l'air des pièces d'argent, pourquoi ils comptaient des pas, pourquoi ils chargeaient des armes... Toute haine s'était envolée de leur cœur ; ils s'aimaient d'un immense et fraternel amour... Ils durent faire d'énergiques efforts pour ne pas tomber dans les bras l'un de l'autre, se demander pardon, s'embrasser...

— Allons ! messieurs, dit l'un des témoins...

A ce moment, l'aubergiste s'écria :

— Qu'est-ce que je vois ?... Qu'est-ce que c'est que ça ?

Et avec son bâton, il indiqua quelque chose de noir qui, en face, sur le versant de la montagne, descendait... On eut dit d'une troupe de gens à cheval, mais à cause de la distance et de la couleur sombre du terrain, il était impossible de rien distinguer nettement.

— Viedazé! mais c'est le conseil de l'Andorre! s'exclama l'aubergiste... Ils viennent pour vous, sûrement... C'est ce sacré gendarme qui aura été les prévenir... Ça ne fait rien, ajouta-t-il en se tournant vers les témoins, avant qu'ils soient ici, ces messieurs ont le temps de se donner un coup de torchon.

Cette invitation n'obtint aucun succès. Tous braquaient les yeux vers le point marqué par l'aubergiste. Pescaire et Cassaire respirèrent délicieusement.

Le point noir grossissait. On pouvait maintenant apercevoir distinctement des formes humaines qui se balançaient sur des formes de chevaux. Pescaire compta six cavaliers, Cassaire remarqua que l'un d'eux marchait en tête, comme un chef, et l'aubergiste s'étonna qu'ils portassent la grande tenue, c'est-à-dire le chapeau de feutre à larges bords et le long carrick à vingt-deux collets.

Quand les six cavaliers furent arrivés à une centaine de pas du plateau, ils s'arrêtèrent. Celui qui chevauchait en tête mit pied à terre et, laissant son cheval à la garde de ses compagnons, il s'avança d'un pas solennel vers « nos duellistes ».

— Adissias ! fit-il, en saluant.

Pescaire, Cassaire, les quatre témoins, les deux médecins et l'aubergiste s'inclinèrent respectueusement, et répondirent en chœur :

— Adissias !

Il y eut un moment de silence. Un aigle passa dans l'air ; un pâtre qui paissait ses chèvres, très loin, chanta.

Et l'Andorran dit :

— Messieurs, vous êtes sur une terre de paix et de liberté. Dans nos montagnes, jamais l'homme ne versa le sang de son semblable, jamais le sol ne fut rougi par les luttes fratricides. Nous sommes des pasteurs, et nos armes, à nous, ce sont la houlette et la flûte. Je vous prie de vous retirer. Et je vous avertis que, si vous n'obéissez pas à notre loi, notre loi saura vous punir, hommes sauvages.

Puis il parla longtemps de l'hospitalité, de l'humanité et des bergers chanteurs.

Pescaire et Cassaire l'écoutaient, ravis. Jamais parole humaine ne leur avait paru plus belle, plus douce, plus pénétrante ; c'était comme une musique céleste, un chant de vierges amoureuses, un concert d'anges éperdus. Il leur semblait que les pierres elles-mêmes en étaient tout attendries, que les montagnes se pâmaient, que le vent n'avait plus que des soupirs d'extase, et que, de l'Ariège, apaisée, montait le chuchotement exquis d'une prière.

Néanmoins, pour la forme, ils voulurent protester.

— Retirez-vous, carnassiers, répéta l'Andorran, qui à ce moment leur apparut si grand, qu'il domina les sommets les plus élevés, et emplit tout le ciel de son corps de dieu.

Après une courte délibération, les témoins décidèrent qu'il fallait se retirer, et l'on reprit la route désolée, le petit sentier caillouteux qui courait sur la montagne rase, terre de paix et de liberté. Ah ! comme elle était moelleuse, cette route, dont les cailloux mouvants et coupants leur étaient plus doux aux pieds que des tapis de mousse et des jonchées de fleurs. Ils descendaient, agiles, souples, légers, conduits comme par une ivresse, emportés comme dans un rêve..

Tout à coup, Pescaire sentit que le sol se dérobait sous ses pieds. Il étendit les bras en avant, poussa un cri et s'évanouit. Le malheureux était tombé lourdement sur un rocher. En le relevant, un des médecins constata qu'il s'était cassé le bras gauche.

— Voyez, dit-il aux témoins, la fracture est évidente.

— Évidente, confirma l'autre médecin.

Les témoins se regardèrent un instant, et, tandis que le médecin pansait le blessé :
— Eh bien ? demanda l'un.
— Eh bien ? répondit l'autre.
— Il y a blessure !
— Oui !... mais...
— Quoi ?
— Rien...
— Alors ?...
— Parfaitement.

Et, séance tenante, les quatre témoins, rédigèrent un procès-verbal dans lequel il était constaté que M. Pescaire, ayant reçu une balle, qui lui avait cassé le bras, l'honneur avait été déclaré satisfait... Sur la demande de Cassaire, ils ajoutèrent même un paragraphe, où ils rendirent le plus complet hommage à la belle tenue des deux adversaires.

PAYSAGES D'AUTOMNE

A M. Edmond de Goncourt.

PAYSAGES D'AUTOMNE

Les chaumes s'attristent, les labourés sont tout roses, sous le soleil. De place en place, s'étendent les regains des luzernes au vert dur, et les carrés de betteraves, dont les fanes ont pris des tons bleus plus sombres. Sous les pommiers, des femmes courbés ramassent les pommes et en remplissent les paniers d'osier et les sacs de toile bise. Deux chevaux blancs, énormes dans l'air, traînent lentement la charrue dont le soc chante comme les perdrix dispersées qui rappellent, et là-bas, un chasseur s'éloigne, grise silhouette. Dans les brumes délicates, les horizons ont des fuites plus douces, plus lointaines ; et du ciel, au-dessus, qui se colore comme les joues d'un fièvreux, tombent on ne sait quelle mélancolie magnifique, quel austère énivrement. Un épervier y plane, immobile, et des vols de corbeaux s'y succèdent, se hâtant vers les grands bois rouges.

Les haies s'éclaircissent et sont redevenues muettes ; le jour troue de mille mailles leur épais manteau de feuillage roussi. Des bandes de passes et de verdiers, abattus sur les fruits de l'épine et de l'églantier, s'envolent silencieux, au moindre bruit, pareils dans l'espace, à des poignées de graines lancées par la main d'un invisible semeur... Les merles se taisent, morne est la fauvette ; seul le rouge-gorge maudit, à petits cris, le froid qui commence.

* * *

Dans un chemin.

LE PASSANT. — Pourquoi es-tu affaissé dans la boue, et pourquoi pleures-tu ?

L'OUVRIER. — Hélas, voilà trois jours que je marche, et je n'ai rien mangé. Je suis brisé.

LE PASSANT. — Où donc vas-tu ?

L'OUVRIER. — Devant moi, toujours devant moi. Pendant la moisson, j'ai travaillé et j'ai chanté... Il était si bon, le bon pain bis ! Maintenant, les gerbes sont rentrées, les labours sont finis, les grandes machines battent le blé, vannent l'orge, dans les granges qui ne veulent plus du travail de l'homme, et mon maître m'a dit : « Va-t-en ! » Alors, je suis parti... J'ai frappé à toutes les portes, aucune ne s'est ouverte... Il n'y avait pas d'ouvrage pour moi... Hélas ! tu le vois, la terre est vide... Bientôt, les dernières feuilles vont être emportées, la neige blanchira le sol, la neige belle et cruelle comme la femme, la neige qui tue les oiseaux et les vagabonds... Et je n'ai pas un manteau pour me couvrir, pas un foyer où me réchauffer, pas un morceau de pain dur pour apaiser mon ventre... Que veux-tu que je devienne ? Il faut donc que je meure ?....

Tiens, ce matin, j'ai fait route avec un jeune seigneur... Il portait sur son dos un gros sac, et ce sac était plein d'or. Trouvant son fardeau trop lourd, il m'a dit : « Tu as les reins solides et ton épaule est habituée à ployer sous les faix écrasants, porte cet or. » Je butais contre les pierres ; trois fois, je suis tombé... Et le jeune seigneur me donnait des coups : « Marche donc, imbécile ! » Il s'arrêta au bord de la rivière, à cet endroit où l'eau est noire et sans fond : « Il faut que je m'amuse, fit-il. Regarde, je vais jeter cet or dans la rivière. » — « Hélas, lui dis-je, puisque vous voulez jeter cet or dans la rivière, vous m'en donnerez un peu. Oh ! bien peu, de quoi n'avoir pas trop froid, de quoi n'avoir pas trop faim. » Il m'a craché à la figure, m'a chassé à coups de pierres et ensuite, prenant l'or à poignées, il l'a lancé dans la rivière, à cet endroit où l'eau est noire et sans fond. Puis il est reparti en riant... Sur son passage, tous les gens, riches et pauvres, s'inclinaient très bas, tandis que moi, ils me battaient et me poursuivaient de leurs bâtons et de leurs fourches... Voyez, tout mon corps saigne...

LE PASSANT. — Que vas-tu faire ?

L'OUVRIER. — Je marcherai encore ; encore je frapperai aux portes des riches.

LE PASSANT. — Si les portes des riches se ferment à ton approche ?

L'OUVRIER. — Je demanderai l'aumône aux pauvres gens, sur les grand'routes.

LE PASSANT. — Si l'on ne te donne rien ?

L'OUVRIER. — Je m'embusquerai au détour des chemins nocturnes, et je tuerai.

LE PASSANT. — Dieu te défend de tuer.

L'OUVRIER. — Dieu m'ordonne de vivre.

LE PASSANT. — Dieu te garde, l'ami !

*
* *

La forêt flamboie. Sur leur rose tapis de feuilles tombées, les allées étouffent le bruit des pas, et les clairières, dans les taillis qui se dépouillent, s'élargissent éclaboussées de lumières jaunes comme l'or, rouges comme le sang. Les rôdeuses de la forêt, aux yeux de hibou, aux doigts de harpie, les vieilles bûcheronnes de bois mort passent, disparaissant sous l'énorme bourrée qui semblent marcher toute seule. Malgré les splendeurs éclatantes de sa parure automnale, le bois darde sur vous un regard de meurtrier qui fait frissonner. Les cépées que la serpe entaille, ont des plaintes humaines, la hache arrache des sanglots d'enfant aux jeunes baliveaux des chataigniers, et l'on entend, dans les sapaies, le vent enfler leurs orgues funèbres qui chantent le *Miserere*. Accroupis autour des brasiers qui fument, on dirait que les charbonniers président à quelque œuvre épouvantable et mystérieuse ; on se détourne, en se signant, du sabotier qui, farouche, sous son abri de branchages et d'écorces, évoque les terreurs des anciens bandits.

Où donc va-t-il, ce braconnier qui se glisse

comme un fauve dans les broussailles à travers lesquelles reluit le canon d'un fusil ? Quand la nuit sera venue, quand la lune balaiera de ses rayons le tronc des grands chênes que le soleil empourpre maintenant, deux coups de feu retentiront dans le silence, le silence plein de carnages et d'agonies de la forêt. Est-ce un chevreuil qui sera tué, ou bien est-ce un garde qui se tordra sur la bruyère pourprée, des chevrotines au flanc ?

*
* *

Et tout à coup, dans le chemin creux, j'entendis crier : « A l'assassin ! » Ah ! comme il était douloureux, prolongé, implorant, cet appel ! Je me cachai derrière un tronc d'orme. Une bande de moineaux s'envola, disparut ; un lapin, réveillé par le cri, détala de son gîte, montrant, comme une petite fumée blanche, la houppe de son derrière. « A l'assassin ! » Des paysans qui labouraient, d'autres qui semaient, s'enfuirent, effarés; des ouvriers qui, tout près de là, travaillaient dans une briqueterie, se blottirent, tremblants, derrière de hautes bourrées. « A l'assassin! » En un instant, la campagne fut abandonnée, aucun être vivant ne se montra sous le ciel indifférent. Et je vis passer dans le chemin, une femme affolée, toute rouge de sang, que poursuivait un homme, brandissant un grand couteau... Alors, la femme épuisée tomba : « A l'assassin! » Puis ce fut un râle, un râle étouffé, un râle, qui bientôt se perdit, dans le murmure du ruisseau voisin, puis rien...

Quand on crie : « A l'assassin! » personne n'accourt. Les passants filent plus rapidement et s'éloignent ; les gens couchés au chaud, dans leur lit, s'enfoncent plus moelleusement sous leurs couvertures ; aucun ne se dérange de sa route, si ce n'est pour se cacher derrière un arbre, une broussaille, un repli de terrain. Que se passe-t-il après tout, et pourquoi s'en émouvoir? C'est un homme qu'on égorge, une femme qu'on saigne, un enfant qu'on étrangle ! Du sang rougit la terre, du sang que la voirie le lendemain effacera. Laissons donc passer la justice du crime. L'ombre n'est-elle pas faite pour que les couteaux y reluisent? Et si la nuit est si noire, n'est-ce pas pour couvrir d'un voile protecteur le meurtre qui rôde? Il n'y a pas de solidarité humaine devant la vie menacée. Qu'ils crient donc à l'assassin ! les assassinés ; que sur le pavé des rues, et le gravier des routes, et le tapis des chambres closes, ils se tordent et qu'ils râlent! Dormons, nous autres, qu'aucun danger ne menace, et que ce soit le cahot lointain des voitures, l'aboi des chiens ou le tic-tac des pendules qui, seuls, répondent aux appels désespérés de ceux-là qui vont mourir.

Mais un autre cri retentit : « Au feu! au feu! » Et l'on voit des flammes qui montent vers le ciel, et l'on entend le fracas des murs qui croulent, des toitures qui s'effondrent. « Au feu ! au feu ! » Tout le monde est dehors, empressé, affolé, prêt au dévouement, décidé à braver la mort. On rencontre des gens surpris dans le sommeil et qui n'ont pas eu le temps de se vêtir; des femmes, des enfants, des vieillards, en chemise, qui montrent des nudités héroïques. « Au feu ! au feu ! » Et ils grimpent aux échelles enflammées, courent sur les poutres transformées en barres rougies, s'élancent dans les fournaises, plongent dans les fumées brûlantes.

Pourquoi le sang les laisse-t-il indifférents et lâches ; et pourquoi la flamme exalte-t-elle leur courage ? C'est que, de ce sang qui coule des flancs ouverts et des poitrines entaillées par les surins, s'échappe seulement la vie des autres, tandis que la flamme dévore l'egoïsme de la vie. Le sang ne fait que des cadavres, mais la flamme fait des pauvres. Le sang étale des corps mutilés et verdis sur les dalles de la morgue, mais la flamme éparpille au vent les cendres des billets de banque. A l'assassin ! La terre a bien vite pompé le sang et la rosée le dissout dans l'herbe matinale. Au feu! au feu! Le feu s'étend, gagne, dévore. Il a brûlé la maison du voisin ; dans une minute il aura brûlé la mienne. Et c'est moi que je défends, non pas moi, mais mes biens, mes titres de rentes, mon or.

* *
*

Sur une place de village.

— Bonnes gens qui m'entendez, riches et pauvres, honnêtes et voleurs, et vous aussi, sourds, bancroches, paralytiques, adultères et cocus, regardez-moi, écoutez-moi. Je suis le candidat, le bon candidat. C'est moi qui fais les récoltes grasses, qui transforme en palais les misérables chaumines, qui remplis d'or les vieux coffres vides, qui bourre de bonheur les cœurs ulcérés. Venez, bonnes gens, accourez, je suis la providence des femmes stériles, des fiévreux et des petits soldats. Je dis à la grêle :

Ne tombe pas ; à la guerre : Ne tue pas ; à la mort : Ne viens pas. Je change en vin pur l'eau puante des mares, et des chardons que je touche coule un miel délicieux.

Tandis que le candidat parlait, une grande foule arriva, se forma autour de lui.

— Mon bon monsieur, dit une vieille femme, qui pleurait. j'avais un fils à la guerre, loin, bien loin, et il est mort.

— Je te le rendrai vivant.

— Moi, dit un estropié, vous voyez, je n'ai qu'une jambe.

— Je t'en donnerai deux.

— Regardez l'horrible plaie qui me ronge le flanc, dit, en poussant des cris de douleur, un misérable.

— J'imposerai sur ta plaie la médaille parlementaire, et tu seras guéri.

— J'ai quatre-vingt-dix ans, chevrota un vieillard.

— Je t'en reprendrai cinquante.

— Voilà trois jours que je n'ai mangé de pain, supplia un gueux.

— Je te gaverai de brioches.

Alors un assassin parut.

— J'ai tué mon frère, et je pars pour le bagne, hurla-t-il.

— Je raserai les bagnes, je tuerai la justice avec la guillotine, et je te ferai gendarme.

— Le seigneur est trop riche, dit un paysan, et ses lapins dévorent mon blé, et ses renards emportent mes poules.

— Je t'installerai dans ses terres ; et tu cloueras, comme des chouettes, ses enfants, aux portes de la grange.

— Le manant ne veut plus battre mes étangs, s'écria un seigneur.

— Je le brancherai aux ormes de ton avenue.

— Ah ! Monsieur, soupira une jeune fille, ces maudites colonies nous prennent tous nos galants !

— Je supprimerai les colonies.

— Je n'ai pas assez de débouchés pour mes produits ! clama un industriel.

— Je reculerai jusqu'au bout du monde le champ de nos conquêtes.

— Vive la République! dit une voix.

Le candidat répondit : Vive la République!

— Vive le Roi ! dit une autre voix.

Le candidat répondit : Vive le Roi !

— Vive l'Empereur! dit une troisième voix.

Et le candidat répondit : Vive l'Empereur !

En ce moment, une femme, qui était belle et triste, sortit des rangs de la foule, s'avança vers le candidat.

— Tu ne me connais pas ? demanda-t-elle.

— Non, répondit le candidat. Où t'aurai-je vue, maudite étrangère ?

— Je suis la France ! Et que feras-tu pour moi ?

— Je ferai ce que font les autres, ma mie, je mangerai, je dormirai ; mon ventre, mon bon ventre, se réjouira dans sa graisse. Avec l'argent que je prendrai dans ta poche, ton inépuisable poche, j'aurai de belles femmes, de belles terres, et de la considération, s'il te plaît, par dessus le marché. Et si tu n'es pas contente, eh bien ! je te rosserai, ma mie, avec le bâton que voilà.

* * *

Dans une auberge.

Premier mendiant. — D'où viens-tu ?

Deuxième mendiant. — De la prison. J'avais volé un homme très riche. Cet homme m'a surpris au moment où je forçais sa caisse. Je pouvais le tuer, j'ai respecté sa vie. Alors, on m'a jeté entre quatre murs humides, où je n'ai pas respiré l'air, où jamais je n'ai vu le ciel. Je ne sais plus ce que c'est que le parfum d'une fleur, le chant d'un oiseau, le sourire d'une femme. Pour apaiser ma soif, on m'a donné de l'eau croupie ; pour faire taire mon ventre, du pain dur et, de temps en temps, un rata immonde qu'eussent respecté les chiens. Toujours la nuit, toujours le silence. Regarde, mes cheveux ont blanchi, mes dents sont tombées, et mes os claquent. Je suis mort... Et toi ?

Premier mendiant. — Oh! moi, j'avais tué une vieille femme, et le peu d'argent qu'elle gardait pour son fils infirme, je l'avais volé. Alors on m'a envoyé bien loin, dans un beau pays, tout plein de parfums et de clair soleil. J'ai cueilli des bananes, mangé des durians — le fruit de Dieu — et j'ai bu l'eau des sources, des sources, des belles sources, des sources qui chantent sous les lianes fleuries. Et je me suis vautré dans l'herbe épaisse, délicieusement, comme un bon bœuf. Et le soleil réchauffait ma vieille carcasse, gelée par les nuits vagabondes, desséchée par les jours sans pain. Regarde, je suis gras.

Deuxième mendiant. — Je voudrais me rafraîchir à ces sources, me chauffer à ce soleil, me rouler dans cette herbe ; je voudrais être gras et me reposer. Que faut-il faire?

Premier mendiant. — Il faut tuer !

⁎⁎⁎

Au bord de la rivière.

Elle coule, lente, si lente, que les peupliers de la rive se mirent, immobiles et tout jaunes, dans son calme miroir. Pas un frisson, aucun roseau ne chante, aucun ne balance sa hampe flexible. A l'endroit où je me suis arrêté, sous des aulnes, l'eau est noire et sinistre, coupée brusquement par le reflet d'un ciel gris et fin comme une perle. Et j'entends une voix qui semble monter du fond de l'eau, une voix de mort, une voix qui pleure. Et la voix dit :

« Je t'ai vue cette nuit. C'était dans ta chambre, toute close et toute tiède. Les stores aux fenêtres étaient baissés. Des lueurs pâles — les lueurs de la veilleuse —

dormaient sur les rideaux et sur les meubles. Et ton si joli et si triste visage apparaissait hors des draps, calmement effleuré par la clarté discrète. Un de tes bras pendait, nu, cerclé au poignet d'un bracelet d'or brun. L'autre, nu aussi, était mollement replié sous ta nuque, ta noire et odorante nuque. Tu souriais d'un bon sourire. Tes lèvres m'aimaient ; et, en me regardant, tes deux yeux brillaient, humides, comme deux lacs hantés de la lune. Je t'ai crié : « Jeanne ! ma petite Jeanne ! » Et toi, si amoureusement, tu m'as répondu : « Henri ! mon petit Henri ! »

« Je t'ai vue cette nuit. Un homme est entré — un homme petit, riche et laid — est entré dans ta chambre toute tiède et toute close. Il s'est déshabillé lentement, et, lentement, près de toi, dans le lit, s'est couché, près de toi ! Et alors j'ai entendu des rires, des petits rires étouffés dans l'oreiller, des rires de lui, des rires de toi ; et alors j'ai entendu des baisers, des baisers étouffés dans l'oreiller, des baisers de lui, des baisers de toi. Je t'ai crié, suppliant : « Jeanne ! ma petite Jeanne ! » Mais tu n'as pas répondu : « Henri ! mon petit Henri ! »

« Je t'ai vue cette nuit. Les deux têtes n'ont plus fait qu'une seule tête ; les deux corps n'ont plus fait qu'un seul corps. Une forme unique, douloureuse et démoniaque s'est agitée sous les dentelles. Et les baisers claquaient, et les lèvres mordaient, et le lit, soulevé en houle blanche, gémissait. Alors j'ai pleuré, pleuré, pleuré ! Et, à genoux, les mains jointes, je t'ai crié : « Jeanne ! ma petite Jeanne ! » mais tu n'as pas répondu : « Henri ! mon p... ...Henri ! »

« Je t'ai vue cette nuit. L'homme est parti — l'homme petit, riche et laid, est parti en chantant. Et tu es restée seule, toute seule, le ventre sali, épuisée et hideuse, nue sur le lit dévasté. Auprès de toi, l'homme petit, riche et laid, avait laissé une cassette, une grande cassette, d'où l'or coulait comme d'une fontaine, d'où l'or coulait, et se repandait sur le lit autour de toi, tout autour de toi. Et l'or montait. Et tu montais avec l'or. Tu plongeais tes mains dans l'or, tes mains avides. Tu prenais l'or à poignées, à poignées furieuses. Tu faisais ruisseler l'or sur toi, en cascades fauves ! De l'or ! oui, c'est de l'or ! Ah ! le bain délicieux. C'est l'or lustral qui lave toutes les souillures. Encore, encore ! Et tu riais, tu riais, tu riais toujours ! Et l'or ruisselai ruisselait, ruisselait toujours ! Et de même que tu n'avais pas vu mes larmes, tu n'as pas vu mon sang qui coulait tout rouge et tout fumant de ma poitrine, comme l'or coulait de la cassette. Et, mourant et tout pâle, je suis parti aussi, moi, je suis parti vers la grande rivière... Adieu, petite Jeanne ; il n'y a plus de petit Henri. »

TABLE DES MATIÈRES

Ma Chaumière. 1
Le Tripot aux champs 9
Le Père Nicolas. 27
La Bonne. 39
La Mort du Chien. 57
La Justice de Paix. 73
Les Eaux Muettes 87
Le Petit Mendiant. 123
Le Crapaud 135
La Mort du père Dugué. 151
Un Poète local. 201
Veuve. 217
L'Enfant. 243
La Chasse. 255
La Table d'Hôte 267
La Guerre et l'Homme 281

Agronomie. 304
Histoire de ma Lampe 339
Tête coupée 355
Le Duel de Pescaire et de Cassaire. . . . 379
Paysages d'Automne. 411

ÉVREUX, IMPRIMERIE DE CH. HÉRISSEY.

www.ingramcontent.com/pod-product-compliance
Lightning Source LLC
Chambersburg PA
CBHW050906230426
43666CB00010B/2040